マフィア国家

工藤律子
Ritsuko Kudo

マフィア国家

メキシコ
麻薬戦争を
生き抜く人々

岩波書店

プロローグ

「暴力が生んだ孤児。メキシコ政府には見えていない」

二〇一〇年七月、インターネットでメキシコのニュース記事を読んでいた私は、そんな見出しに目を惹かれた。そこには、二〇〇六年一二月に大統領に就任したフェリペ・カルデロンが政府軍や連邦警察を投入した麻薬犯罪組織壊滅作戦を始めて以降、親が殺され孤児となった子どもが三万人近くいると推定される、と書かれていた。現地NGO(非政府組織)の調査によると、当時、最も殺人事件発生率が高く、「世界一危険な町」といわれた北部国境のシウダー・フアレス(以後、フアレス)だけでも、二〇〇七年からの三年半の間に五五〇〇人以上が殺害され、その七割が一八歳から四五歳だという。メキシコ人が早婚だということを前提に計算すれば(一八歳以上なら、たいてい子どもを二人くらい持っているという仮定だろう)、一万人前後の子どもが親をなくしたことになる、と訴えていた。

また、メキシコ各地で子どもや家庭、コミュニティの権利擁護のための活動を行なうNGO「リリキ」(Ririki)の代表、ナシエリ・ラミレス(五〇歳)のコメントが紹介されていた。

「(孤児が)何千人もいることは、間違いありません。でも何人いるのか、どこにいるのか、正確なことは誰も知りません」

子どもと家庭の問題を扱う政府機関「家族総合開発機構」(DIF)が記録した、二〇〇九年にフアレスで孤児になった子どもの数は、たったの八人だった。その年、町では二六〇〇人以上が殺されているにもかかわらず、だ。それはＤＩＦが、自分たちが養子縁組を担当するなど、直接関わった子ども以外のことを、一切調査もしなければ、記録もしないからだった。孤児になった子どもたちが親族のもとに引き取られたのか、路頭に迷っているのかすら、把握されていない。誰ぞ知る、なのだ。

その事実を知った私は、政府と麻薬犯罪組織が引き起こしている、マスコミが「麻薬戦争」と呼ぶ事態について、「子ども・若者」そして「被害者」という切り口から取材しようと決意した。二〇歳の頃から見つめ続けてきた国で起きている前代未聞の戦争状態を、自分なりの視点で捉えたい。数年前からそう考えていたからだ。

メキシコでは、カルデロン政権が発足した二〇〇六年一二月から、それまでに、およそ三万人が、スペイン語で guerra contra el narco(対ナルコ戦争)と呼ばれる麻薬戦争で死んでいた。guerra は戦争、narco は narcotraficante(麻薬密輸人)を略した表現だ。麻薬密輸組織間の抗争は、すでに二〇〇四年頃から米国との国境付近で目立ち始めていたが、カルデロン政権時代に入ってからは、巨大な犯罪組織と化した、いわゆる「麻薬カルテル」同士と、それを殲滅しようと政府が送り込んだ軍や連邦警察の三つ巴の戦い、まさに戦争状態に陥っていた。そのために、一般市民の被害が増えていたのだ。ちなみに「カルテル」という言葉を、麻薬密輸に関わる組織を指す言葉として使うようになったのは、コロンビアにおいて、麻薬王パブロ・エスコバルがメデジン・カルテルを率いていた一九八〇年代前半のことだといわれる。

二〇一〇年九月、私は、パートナーでフォトジャーナリストの篠田有史とともに、メキシコシティで取材を開始することにした。そこには、記事に登場したＮＧＯ「リリキ」の代表、ナシエリ・ラミレスがいる。彼女と会うことから、始めよう。

大学都市に近い、学生時代によく行った大きな書店に併設されているカフェで待ち合わせると、ナシエリはふわふわと長い髪を肩に垂らし、刺繍の入った民族衣装風のブラウス姿で現れた。オーガニックコーヒーを飲みながら、学生相手の教師のように、やさしく話をしてくれる。

「麻薬戦争の一番の犠牲者は、子どもと若者です」

こちらを見据えて、最初に結論を述べる。

「若い犠牲者や孤児の問題が示しているのは、子どもたちの身近には〝野蛮な暴力〟が存在し、彼らの価値観に強く影響を与えている、という事実です。その結果、麻薬犯罪組織に入る若者の年齢は、日に日に下がっています。〝自分たちの人生は学校へ行ったり、まじめに働いたりすることでは、良くならない。麻薬カルテルが一番、お金も力も持っているのだから〟という意識が広がっているのです。暴力には暴力で対抗するしかない。そう考える子どもが大勢います」

力の論理と「目には目を」の発想が、まだ純粋な少年少女の心を蝕んでいるという。

「お父さんは死んでしまった。自分は生き残った。なぜ？　誰のせいなの？　そういう疑問が、子どもたちの人生に大きな影を落としているのです」

混乱のなか、子どもたちは、理不尽な社会から間違った価値観を押し付けられ、身につけて、暴力の連鎖を引き起こしている。彼女はそう考える。

「ファアレスに行けば、それがよくわかります。ファアレスで起きていることは、メキシコ全体で起きていることを、よりわかりやすい形で示しているにすぎないのですから」

そう言う彼女に、私たちは「ぜひファアレスへ取材に行きたい」と話した。すると、さっそく現地で貧困層の子どもや女性への支援活動を展開するNGOの連絡先を、教えてくれる。加えて、「安全なホテル」も予約してくれるという。至れり尽くせりの対応に、この問題を伝えたいという彼女の強い意志を感じる。

翌日、今度は「メキシコ子どもの権利ネットワーク」(REDIM)というNGOに足を運んだ。麻薬戦争と子どもの問題を扱った複数の新聞記事に、この団体の代表のコメントが記されており、その人が何と、私たちがこの街で路上に暮らす子どもたち、「ストリートチルドレン」を追い始めた頃に、メキシコ連邦区(当時)が子どもの保護のために開いた施設で働いていた人物だったからだ。

記事を見た時、「どこかで聞いたような名前だ」と、私は一瞬考え込んだ。そして思い出した。そう、彼とはこの二〇年ほどの間に数回会っている。いつもストリートチルドレンのための支援活動の取材中にだ。最初は一九九〇年に公営施設で、その後は彼自身が立ち上げたNGOが運営する、若者の職業訓練を目的とするパン工房や食堂で、長々と話をした。

「あ! やっぱり君だったんだね」

ファン・マルティン・ペレス(四一歳)は、私を見るなり、そう叫んだ。全国の子どもの権利に関わるNGO六七団体をつなぐ大きなNGOの代表になった今、髪は白く薄くなったが、背がさほど高くなく、丸みを帯びた人懐っこい笑顔は変わらない。

「君たちは、本当にどこにでも出没するね。今でもまだ私たちの子どもたちのことを気にかけていてくれて、本当にうれしいよ」

座り心地の良さそうな椅子と机が置かれたガラス張りのオフィスから出てきて、手を差し出す。

「僕は今でもストリートチルドレン関係の事業は続けているんだよ。君たちが以前来てくれた、一八歳以上の路上生活者を支援する団体は、ほかのスタッフが運営を続けていて、僕も時々顔を出している。そして、このＲＥＤＩＭは、そうした団体をつないでいるんだ」

そう言うと、彼は私たちをオフィスへと招き入れ、ＲＥＤＩＭの仕事を簡単に説明してくれた。曰く、

「子どもの権利のため、という同じ目的意識のもとで活動するＮＧＯを結びつけ、その声を政府に届ける政策提言も行なうんだ。そのための調査や資料製作、記者会見なども仕事のうちだ」

それで、新聞記事に彼の名前が頻繁に登場するのだろう。

彼には、フアレスを含む麻薬戦争が激しい地域で活動するＮＧＯの状況を尋ねた。現地で取材をするうえで、頼れる人物、団体がなるべく複数ほしい。

「子どもたちの置かれた状況を少しでも良くするために支援活動をしている団体は多いので、それらを紹介するよ。皆、必死で動いている」

フアレスが属するチワワ州を含むメキシコ北部の州では、一五歳から一七歳くらいの子どもたちが殺されるケースが、数年前の何倍にも増えているという。

「犯罪組織の犠牲となっている未成年の多くは、移民の子ども、薬物依存の若者、そして貧困地域に暮らす青年だ。親が麻薬犯罪組織に関わっているというだけで、子どもは軍や連邦警察の攻撃に巻き込まれてしまう。孤児になる子どもだけでなく、その場で殺害される子どもも多いんだよ」

フアン・マルティンは、ため息混じりに話す。軍や連邦警察の攻撃とは、カルデロン政権が犯罪組織を叩くために、組織の活動が活発な地域に、連邦政府直属の軍や連邦警察を送り込んでいることによって起きている戦闘を指す。

「この間も、軍が麻薬カルテルメンバーの自宅を襲撃して、ターゲットだった親たちだけでなく、子どもも二人も殺した。戦争では避けられないコラテラル・ダメージ(付随的損害)、というわけだ。そんなことが許されるはずがないのに」

軍と連邦警察が参加してから、こうした「コラテラル・ダメージ」は増えている。だからファアレスでも、NGOは、連邦政府や地元政府の政策自体に介入する必要性を感じていると話す。

「人権問題を重視し、政策提言をする団体も出てきている。加えて、移民を支援する団体も、麻薬戦争を念頭において活動をするようになった」

麻薬犯罪組織のなかには、移民を襲撃して金銭を奪い、組織の仕事にリクルートする者もいるため、単に米国への不法入国を試みる移民や強制送還されてきた人たちを支援するだけでなく、メキシコ国内で犯罪組織の餌食となる移民への支援も必要となっているという。

日本では、メキシコ麻薬戦争といえば、麻薬カルテルのドンの逮捕や殺害、軍や警察による大量の武器の押収、殺された者の生首や死体が公共の場にさらされる事件など、センセーショナルな側面ばかりが報道されている。が、本当の怖さはむしろ、ごく普通の子どもや若者、市民が何万人も犠牲になっているという事実、そしてそれがどのような形で生み出されているのかという問題のなかにこそ、ある。彼の話を聞いて、私はますますその思いを深めた。

そこをきちんと知りたい。私たちはそう考え、少しずつでも実態を調べていこうと決めた。まずはやはり、ナシエリやファン・マルティンがコンタクトをとってくれた現地NGOをあてにして、ファアレスに乗り込もう。それが本格的な取材への第一歩だ。

目　次

＊本文中の登場人物の年齢は最初の取材当時のもの。

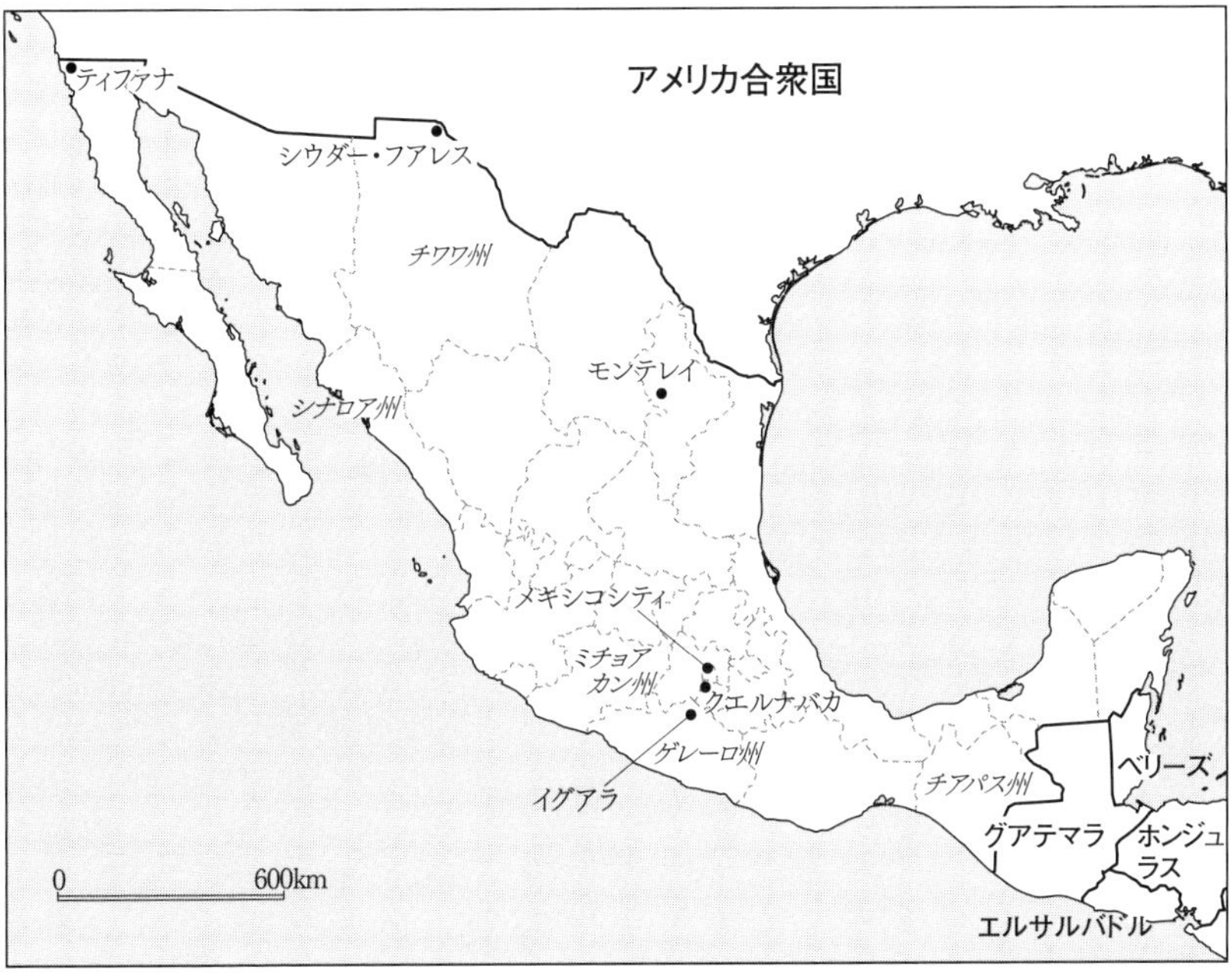
アメリカ合衆国
ティファナ
シウダー・フアレス
チワワ州
モンテレイ
シナロア州
メキシコシティ
ミチョアカン州
クエルナバカ
ゲレーロ州
イグアラ
チアパス州
ベリーズ
グアテマラ
ホンジュラス
エルサルバドル
0
600km

カバー・本文中写真　篠田有史

1

麻薬戦争の町
シウダー・フアレスに生きる

Vivir en Ciudad Juárez,
la ciudad de la guerra contra el narco.

シウダー・フアレス．奥は国境の北側にある米国の町エル・パソ．

「本当に行くの?」「やめておいたほうが、いいと思う」

二〇一〇年九月、メキシコシティで友人たちに、ファレスへ取材に行くと話すと、皆が口を揃えてそう言い、顔をしかめた。当時、そこはまさに地獄に近いイメージで語られていた。それまでの三年半余りの間に、その町では麻薬戦争絡みで六〇〇〇人近い死者が出ており、前年の二〇〇九年は、その一年だけで二六〇〇人を越える犠牲者が出ていたのだから、当然だろう。だが、私たちはナシエリやファン・マルティンらに紹介してもらった現地NGOにあらかじめコンタクトを取り、できる限り安全な取材の準備をしてからメキシコシティを発つ段取りを組んでいたので、さほど心配はしていなかった。過去の例から見ても、カルテルが外国人ジャーナリストを殺すことはまずないから、さっと取材してさっと帰れば問題ないだろう。そう考えていた。

心配そうな友人の家を出て、タクシーに乗りこみメキシコシティの空港へ向かう。まだ薄暗いなか、すでに交通量が増え始めた都会の中心を走り抜ける。きっと「危ないファレス」行きの飛行機は、ガラガラに違いない。

ところが搭乗してみると、一七〇席ほどある座席がほぼ満席だった。どんなに危険といわれる町にも、市民の暮らしがあり、ビジネスで訪れる客もいるということだ。町全体がゴーストタウンにでもならない限り、人の往来は続いていく。

カルテルと軍と警察の町

約二時間半、雲の上を行く。そうして降り立ったフアレスの空港で、到着ロビーへと歩みを進めると、途中の通路に兵士が数名立っていた。人々は、気に留める様子もなくその脇を通りすぎる。この空港は、軍が担当する警備地域の一つだ。

周囲を気にしながらロビーへ出るとすぐに、

「こんにちは！」

という声が飛んできた。ふくよかな白人系の女性が、少女のような愛らしさを持つ笑顔で、こちらへ歩いてくる。現地ＮＧＯ「独立市民組織」（ＯＰＩ）代表のカタリーナ・カスティージョ（四一歳）だ。彼女は、メキシコシティで会ったナシエリが紹介してくれた女性で、フアレスで子どもに関わる複数のＮＧＯとつながっている。

「これは私の息子、そしてこっちが私たちのＮＧＯのスタッフ、エクトルよ」

カタリーナは、一緒に現れた二人をそう紹介してくれる。五歳くらいのおしゃべりな少年と、つるつる頭でスリムなアーティスト風の青年だ。少年はカタリーナの養子で、青年はＯＰＩのスタッフのエクトル（二六歳）。今回の私たちの案内役だ。

「まずはランチでも食べて、それから今日は日曜日だからＮＧＯは休みだし、町を知ることから始めたらどうかしら？」

そう提案するカタリーナの案内で、さっそくカタリーナと少年は四輪駆動車に、私たちとエクトルは古びたセダンに乗り込み、町なかへ向かう。セダンもカタリーナの車だが、私たちが足として使えるよう、エクトルという運転手兼ガイドを付けて、貸してくれたのだ。

「お代はいらないわ。ただエクトルには、ちょっとでいいからバイト代をあげてね」

と微笑む。

車窓の風景は、どこか米国の田舎町のようで、広々とした道路沿いに、高く看板を掲げた米国系のファミリーレストランやファストフード店がぽつんぽつんと建っていた。市民はたいてい車で移動しているようで、歩行者はほとんどみかけない。乾いた日差しが、シンプルなつくりの街を明るく照らし、平穏を演出する。

ナシエリが予約してくれた中級ホテルは、町の少し外れのほう、落ち着いた雰囲気の住宅街に近い所にあった。確かに安全そうな立地だ（ただし一年後、このホテルは「もう使わないほうがいい」とナシエリに忠告された。私たちの滞在中にも、朝食の際に一度、少し離れたテーブルにいた男が、携帯電話のカメラでこちらを撮影するという、不審な行動が見られた）。客はビジネスマン風の男性ばかり。チェックインを済ませて荷物を部屋に運んでから、カタリーナの提案通り、さっそく町のドライブに出かける。

この町には、ここを本拠地とする「ファレス・カルテル」がいる。彼らと抗争を繰り返し、町を暴力と殺人の嵐に巻き込んでいるのが、「シナロア・カルテル」。牢獄のトイレの下にトンネルを掘って脱獄したことで有名になった、あの「エル・チャポ」こと、ホアキン・グスマンを最高幹部とする麻薬犯罪組織だ。皮肉な言い方をすれば、この町ではずっと前から、カルテル同士の争いごとが絶えなかったが、そこに市民が巻き込まれることはあまりなかった。ところが、カルデロン政権になり、町に軍と連邦警察が送り込まれてから、様相は一変した。市民にとって、敵はカルテルだけでなく、自分たちを守ってくれるはずの警察や軍も、そこに含まれるようになってきた。麻薬戦争の主要舞台では、警察や軍にとっても、市民は「コラテラル・ダメージ」の一部にすぎないからだ。

「これから町の南にある、マキラドーラの労働者向けの住宅地域に行ってみないかい？　空っぽの家がたくさん見られるよ」

車を運転するエクトルが、そう切り出す。マキラドーラとは、外資系企業が原材料や部品、機械などを無関税で輸入し、安い労働力を使って輸出製品を安価に生産するために、輸出保税加工区に建てた工場のことだ。フアレスは、一九六六年から建ち始めたマキラドーラで栄えてきた町で、ピーク時には、約三〇万人の雇用を創出した。八〇年代以降、そこには国内はもちろん、中米各国からもマキラドーラに職を求める人々が押し寄せ、人口が急増する。そして住宅地は、インフラ整備が追いつかないままに、町の周縁地域へと広がっていった。ところが、二一世紀に入り、外資が工場を中国へ移し始めてからは、景気が徐々に後退していく。二〇〇七年以降は、米国の不況やそれに続く世界不況の影響で工場の閉鎖が続き、人々は職を失い始めた。二〇〇七年から〇九年の間には、マキラドーラ労働者二十数万人のうち、約七万人が解雇された。これに、麻薬戦争による治安の悪化が加わったことで、町を出て行く人は一気に増加した。

町の南東へ四〇分ほど車を走らせると、あたりはだんだんと殺風景になり、米国風に道幅の広い道路だけがひたすらまっすぐに南下していった。そんな町外れに、労働者用の住宅群があった。

「ここもあそこも空き家だ。ドアや窓ガラスなんかがなくなっているだろ。人がいなくなると、盗まれるのさ」

住宅群のなかをゆっくりと車を走らせながら、エクトルがそこここの家を指差す。彼が言うように、住人を失った家々は荒らされ、売れそうなものはすべて持ち去られている。窓にはめられていたはずの鉄格子までもが、盗みの対象だ。明らかに長く空き家になっている所は、外壁自体、もはや落書き用の塀扱い。もし住人が戻ってきたら、その変わり果てた姿に呆然とするに違いない。

エクトルは言う。

「ここはあまりにも町から遠いから、仕事がないと誰も住まない」

このあたりの家は、外見はきれいだが、大家族である場合が多い低所得者層が暮らすには、狭い。おまけにマキラドーラの工場群やショッピング街からも遠く、自家用車を持たない貧困層がここから仕事や買い物に出るには、バスを使って一、二時間はかかる。バス代もかかる。そんな所に住むのは、ここからでも通う価値がある仕事を持つ人間だけだ。職が失われ、命の保障まで消えた場所に、住み続ける者はいない。

フアレスの人口は、二〇一〇年時点で一一〇万人と推測されていた。その数年前までは一三〇万人だった。不況と治安の悪化が、住民を外へと押し出した。国境の向こう側にある米国の町、エル・パソに移住した人も、少なくとも三万人はいるといわれていた。移住者と死者が続出することで、町はどんどん活気を失っていった。

中心街へと戻る途中、車窓から建物の一部が焼けこげたレストランなどがいくつか目に入った。エクトルが、

マキラドーラ労働者のための住宅．今はほとんど空き家だ．

「マフィアに火をつけられたのさ」

と言う。カルテルによる商店や会社へのゆすりたかりは、日常茶飯事だ。ある建設会社とレストランの社長は、カルテルに要求された金の支払いを拒否したために、店と事務所を焼かれ、恐ろしくなって商売ごとエル・パソへ引っ越したと、エクトルが話す。

他州や他国から働きに来ていた人は、資金があれば故郷へ戻り、ビジネスで大成していた人はほかの都市へと移って行った。残ったのは、出ていく資金すら持たない者と、エクトルのようにここで生まれ育った者だけ。町の住宅のおよそ四分の一は、住人がいなくなったといわれ、新築なのに空き家になっている住宅も、多く見られた。

このまま同じ状況が続けば、去る人はさらに増え、文字通りのゴーストタウンになりかねない。

そんなことを考えながら車を走らせている間も、時折、連邦警察や軍、地方警察の車両とすれちがった。ピックアップ・トラックに乗った連邦警察と軍は重装備で、おまけに走行中も車両後部に据え付けられた機関銃やライフルの銃口をしばしば、周囲の車や歩行者に向けている。メキシコシティでも、重装備の警察や軍を見かけることはあるが、こんなに頻繁ではない。まして、すぐにでも発砲できるような構えではない。ここはやはり戦場なのか。

「町には連邦警察官が大勢滞在しているんだ。そのうえ、市と州の警察、政府軍の兵士もいるときた」

エクトルが運転しながら、後部座席の私のほうを振り返って言う。

「首都から派遣されている連邦警察官はホテル住まいで、滞在費は僕たちの税金で賄ってるんだよ!」

当時のカルデロン大統領は、二〇一〇年四月、軍による人権侵害を告発する人権団体や市民の圧力に押され、町の治安維持の主導権を軍から連邦警察に移すと発表した。そして、五〇〇〇人の連邦警察官とパトカーやバイク、装甲車などを計五一〇台、この町に配備する。だが同時に、それまで麻薬戦争の先頭に立っていた軍の兵士も、連邦警察と連携するため、という理由で一部地域に残留していた。

軍の評判が悪い最大の理由は、その行動パターンにあった。そもそも街に軍隊がうろちょろしていること自体が不気味だが、兵士たちは麻薬犯罪組織の摘発のために、捜査・逮捕の努力をするのではなく、武力突入と銃撃戦を繰り返し、市民を恐怖に陥れていた。また、数々の暗殺事件で使用された武器や殺害方法は、軍隊のようなプロのものだという証言もあった。人権団体は、「軍は、捜査中に攻撃されたら撃つのではなく、まず撃ってから捜査を始める」と皮肉った。

とはいえ、軍に代わって現れた連邦警察の評判も、軍に負けず劣らず、悪かった。犯罪者や犯罪容疑者だけでなく、一般市民に対しても高圧的な態度で接し、攻撃的だったからだ。

車の助手席に座った篠田は、連邦警察官のバイクや車両とすれ違うたびに、彼らの存在を記録しようと、

移動中も警戒態勢をとる連邦警察の警官たち.

シャッターを切っていた。するとエクトルが悪戯っぽく、

「怖くないですか?」

と篠田に聞く。「撃ってくるかも」と、私が少し冗談めかし、しかし用心の意味を込めて言うと、

「あり得るね」

と、エクトルが応じる。彼は、連邦警察や軍の兵士に脅されたり、暴力を振るわれたりした人の話を、いくつも聞いたことがあるからだ。たとえば、彼の知り合いで、父親とアイスクリームを売り歩いていた少年は、連邦警察に止められて、麻薬の売人扱いで尋問されたうえに、銃身で小突かれたという。

軍と連邦警察。装備も射撃の腕もプロの彼らが、もしカルテルとの戦いで成果を上げようと罪のない人々まで銃撃しているとしたら、あるいは逆にカルテルに取り込まれて暗殺を請け負っているとしたら……。暗殺事件で使われた銃の種類や手口から、そう疑う人は少なくない。だが、麻薬戦争絡みですでに五〇人以上殺されているメキシコの報道記者たちの多くは、自己防衛のために、犯

人は「武装グループ」としか表現しないので、真相はなかなかつかめなかった。

カルデロン政権は、二〇〇九年八月末に、「連邦警察の腐敗を一掃するため」として、警官約三二〇〇人を解雇した。うち四六五人は「犯罪に関与していた疑いがある」ということだった。さらには、市、州、国レベルに分かれている警察組織を統一し、統制しやすい組織構造にすることを計画し始める。これに対して国民は、解雇された警官がカルテルに入ることを危惧していた。

子どもたちは遊び場を失った

翌日は、OPIが市内のスラム三カ所で運営するコミュニティセンターの一つを訪ねることにした。片親もしくは両親を失った子どもが一万人以上いると推測される町で、子どもや若者はどんな日常を送っているのか、知りたい。

カタリーナの説明では、OPIは、「地域を子どもたちと住民の手に取り戻す」目的で、これらの活動を続けているという。犯罪者の行動に支配され、近所付き合いはおろか、ちょっとした外出すらままならなくなった地域に、皆が安心して集まれる空間をつくり、「子どもを育むコミュニティ」を自分たちの力で取り戻そう、というのだ。誰もが他人に怯えている地域のなかで、それは果敢な挑戦だった。

ホテルからエクトルの車で、旧市街をかすめて、米国との国境沿いの道を西へと進む。国境沿いには延々と金網のフェンスが続き、米国側には、こちらメキシコ側を照らす照明灯が規則正しく並んでいる。境を流れるブラボ川の堤はきれいにコンクリートで覆われており、対岸が広く見渡せる。

旧市街には、米国側のエル・パソとメキシコのファアレスを結ぶ「国際橋」がかかっている。この二つの町は、米墨戦争の結果、川の北側が米国領となる一八四八年まで、一つの町だった。そんな町の片割れ、北側に向かって、朝は屋根と金網で覆われた長い橋を、人々が列をなして歩いている姿が見える。出入国管理局の手続きを経て、米国側にたどり着くのに、一、二時間要するという。大半は近所に出かけるような格好の人の列のほかに、車両用の道もある。さらに鉄道も。メキシコを縦断して走る貨物列車が頻繁に、汽笛を鳴らしながら通過していく。この町の住民のなかには、買い物や仕事、家族訪問のためにエル・パソとフアレスを行き来する人も多く、彼らは通常一〇年ごとに一六〇ドル払って更新すればいいビザを持つ。ただそれは、あくまでも一定収入がある「身分の保証された人」で、スラム住民にそんなものを持つ人は少ない。

訪れたのは、この町の西端にある、最貧困地区だった。国境線を離れ、緩やかな坂を上っていくと、左手の角に、窓ガラスが壊れた建物が見えた。

「あれが、ＯＰＩのコミュニティセンターです」

と、エクトルが言う。その建物の前に、このセンターでの活動を担当するＯＰＩのスタッフ、ミゲル(二五歳)が待ち受けていた。

「まだ子どもたちが来るまで時間があるので、まずは地区を少し案内しましょう」

優しげな顔立ちのメスティーソ(先住民と白人の混血)の青年は、車を降りた私たちにそう話しかけると、一緒にセンターの脇の坂道を上ってみることを勧めた。そこで、エクトルが子どもたちを待っている間、少し周辺を歩いてまわることにする。

未舗装の道を上っていくと、中南米のスラムでよく見られる、コンクリートブロック造りの簡素な家が立ち並び、そこここに子どもたちの姿が見えた。が、どの子も家の前からチラリとこちらの様子をのぞくだけで、あまり近寄ってこない。人懐っこいメキシコの子どもらしからぬ行動だ。

「この地区では今、親が子どもを外出させないんです。いつ、どこで、どんな危険に出くわすか知れないので。だから、OPIのセンターの活動に参加する子どもの数も、それほど多くはありません」

ミゲルが、寂しげに話す。ここでは路上がすべて「危険地帯」なのだ。

そういえば、ここまで来る車のなかで、エクトルもこんな話をしていた。自分が子どもの頃はよく、夜中に通りでサッカーをしたものだが、今では夜一〇時をすぎると、大人さえ外へ出ない。そして子どもたちは、自分の部屋に閉じこもって、ビデオゲームで戦争をするのだ、と。

一見平穏なのに、何か得体の知れない緊張感の漂う地区をまわった後、センターへ戻ると、子どもが八人ほど集まっていた。その子たちを相手に、ミゲルとエクトルが、センターの前のコンクリート床の上で、パズルやゲームをして遊ぶ。チェスに興じる少年たち、人形遊びをする少女、カードゲームに夢中の子たち、なかには学校の宿題を教えてもらっている子もいる。

それにしても、なぜセンターのなかでやらないのか。不思議に思うと、ミゲルが事情を説明してくれた。

「普段は施設のなかで遊ぶのですが、実は最近、何者かがセンターに侵入し、ガラスを割ったり、物を盗んだりしたので、修理が完了するまでは使えないんです」

NGOが地域の子どもたちのために運営している建物にまで盗人が入り、施設の一部を破壊するような野蛮な行為を働いたのだ。

心ない犯罪のせいで遊び場を奪われた子どもたちだったが、たとえ地べたででも、友だちと集う機会を

スタッフとOPIのコミュニティセンターの前で遊ぶ子どもたち.

得た彼らの表情は、明るかった。近所の仲間と家を行き来したり、路地で遊んだりできない子どもたちにとっては、貴重な時間だからだろう。このセンターの活動は、週二回、午後四時すぎから七時すぎまで、ＯＰＩのスタッフの指導で行なわれている。その分、親も少しは安心できるから、参加する子がいるわけだ。

この地区がどれほど物騒なのか、詳しく知りたいと思い、実際に子どもたちやその家族が暴力事件に巻き込まれたケースはないか、ミゲルに尋ねてみた。

「あの子に話を聞いてみますか?」

彼が一人の少女を指す。一一歳のソニアだ。彼女の兄は、麻薬絡みの暗殺事件に巻き込まれて、すぐそこのバスケットコートで足を撃たれたという。ミゲルが本人に了解をとってくれ、私は遊んでいる子どもたちから少しだけ離れた所で、ソニアの話に耳を傾けた。

まだあどけない少女は冷静な表情で、兄の事件について、こう説明した。

「兄さんは、そこのコートで友だちと遊んでたんです。

私は、コートの横の坂を下りた所にあるお店へ行って、帰る途中でした。コートの前の道に、白い車が二台、停まっているのが見えました。その横を通りすぎてまもなく、車から男たちが飛び出してきて、コートのなかの人に向かって、銃を撃ったんです。兄のとなりに立っていた男の子が殺され、兄の足にも二発、流れ弾が当たりました。今も、兄の足にはその痕が残っています」

淡々と語る少女に、私は思わず、

「そんな現場を見て、怖くなかった？　今もこのあたりを歩くのが怖くはない？」

と、言葉を投げかけた。が、少女は一言、

「もう慣れたわ」

恐ろしい。子どもが、銃撃事件に慣れるなんて。何ともやるせない思いを抱く私に、ミゲルが、

「私たちの活動に以前参加していた子どもには、父親を殺された兄弟もいますよ」

と、告げた。となりの地区で、祖母と暮らしているという。

「話を聞きに行きますか？」

センターのアクティビティが終了してから、私たちはミゲルと、エクトルの運転でとなりの丘の斜面に広がるスラムへと向かった。かなり急な坂道を、ぐんぐん上っていく。いかにも自分たちで建てたという感じで不揃いのコンクリートブロックの家々が、国境を見下ろす斜面を覆うように並ぶ。

一段と高い所まで来ると、ミゲルが「たしか、あの家です」と、崖の上に突き出すような形で建つ家を指し示した。ＯＰＩのコミュニティセンターから車で一〇分くらいの所だ。北側に目をやれば、エル・パソの街並みが広がっている。こちらフアレスの側よりも高いビルが多く、整然としている。それに、向こ

父親を殺された子どもたちと，その面倒を見ながら雑貨屋を営む祖母.

う の丘にはスラムは見えない。ファアレスの丘のスラムに暮らす人々は、「アメリカン・ドリーム」を眺めながら、貧困と犯罪の嵐を生き延びている。

ミゲルが玄関に続く階段を上がり、ドアをノックすると、なかから兄弟の祖母らしい女性が顔を出した。祖母、といっても、まだ五二歳と若い。孫である兄弟は、一〇歳と六歳だ。ミゲルの口からひとしきり、私たちの取材目的が説明され、それを聞いた祖母は快く、私たちを招き入れてくれた。

家の内部はどこか雑然としており、通路に沿って右手に二つ、物が無造作に置かれた部屋があった。祖母のベッドルーム兼リビングと、兄弟の寝室のようだ。奥に小さな台所があり、その先、通路の行き止まりには扉がなく、外に通じている。ぽっかりと開いた出口の向こうに、エル・パソが浮かんでいる。

「孫たちは、いつも父親の夢を見ると言っています」

通路に立ったまま、祖母は悲しげな表情で、話し始めた。彼女は今、家の前で雑貨屋を営みながら、二人を育てているという。孫たちは父親がいなくなる前から、ここに暮らしていたそうだ。ミゲルの説明では、兄弟の父親は麻薬の売人で、カルテル絡みで殺されたらしい。が、母親である彼女はそれを認めておらず、子どもたちもその事実を知らない。死体はバラバラにされていたため、身元確認の決め手となったのは、着ていた服だけだった。子どもたちは、父親の遺体と対面しなかった。だから、父親がなぜ殺されたのか、本当に死んでしまったのか、まだ十分には理解できていなかった。

祖母らが遺体確認の機会を得られたのは、失踪直後から捜索願いを出していたからだ。警察から、「それらしい人の遺体が運ばれてきたので、確認しに来てほしい」と電話があったという。

残された少年たちの母親は、三年半前に彼らの父親と別れた後、ほかの男性と暮らし始め、さらに二人の子どもを生んだ。しかし、その子たちの父親も何者かに殺された。

「その男も息子も、あの女のせいで殺されたのだと私は思います。派手好きで荒れた生活をしていますから」

祖母はやるせない表情を浮かべた。

「しかも二番目の夫は、子どもたちの目の前で殺されたんだそうですよ！」

この町で親が殺された子どもたちは、何重もの悲しみと苦しみを味わう。親を失った悲しみに続いて、その現実を抱えて生きていかねばならない苦しみが訪れ、さらに「マフィアに関わって殺されたヤツの子ども」というレッテルを貼られて、差別やいじめを受けるからだ。

「上の子が一度、泣きながら帰ってきたことがありました。どうしたのかと尋ねると、近所の人に、〝おまえの父親は愚か者だから殺されたんだ〟と言われた、と話してくれました」

彼らにとっての救いは、近くに従姉や仲の良い友だちが住んでいて、よく訪ねてきてくれることだ。祖母が私たちと話している間、少年たちはミゲルとリビングのほうにいるようだった。話の切りのいいところで来てもらい、少し質問をしてみた。

「将来は何になりたいの？」

「サッカー選手になりたい」

兄弟は揃って、そう答えた。

翌日訪れたＯＰＩの保育施設は、昨日のスラムよりも南に位置する丘につくられた地区にあった。恐らく、より古くからあるスラムなのだろう。道が舗装され、コンクリートの家々も、昨日見たものよりもしっかり建てられている。ＯＰＩの保育施設も、こぎれいな建物で、生後四五日目から四歳までの子ども七八人が通う保育園組と、四歳から六歳までの二五人が通う幼稚園組、二つのグループを対象にしていた。どちらも月曜から金曜まで毎日やっており、保育園は朝の四時四五分から午後五時一五分までという長時間のもので、幼稚園も朝七時から午後五時まで預かってくれる。共働き、あるいは働くシングルマザーの家庭が多い貧困地区では、最も必要とされているサービスを提供しているわけだ。

清潔で明るい教室で遊ぶ子どもたちは、一見、ごく普通の生活を送っているようにみえた。が、先生に話を聞くと、それが表面的な印象にすぎないことがわかった。

「ここには以前、双子の姉妹が通っていたんですが、両親が殺されてしまい、それからは連絡が途絶えて、姿を見せなくなりました」

私たちを待ち受けていたシンティア先生(二五歳)が言う。その姉妹の母親は小学校教員だった。

「ほかにも、そういう目にあった子はいますか?」

と尋ねると、幼稚園クラスの教室に案内し、一人の少年を視線で示して、

「あの子はブランドンというんですが、まだ一歳の頃に、父親が撃ち殺されました」

五歳のブランドン少年は、生まれてまもなく両親が離婚したため、母親と暮らしていたが、父親が殺されてしまったため、父親との思い出をつくることができずに育つこととなった。父親は、友人二人とトラックで走っていたところを、銃撃された。

「この地域には、子どもがまだ幼い頃に母親が夫と離婚した家庭が多いので、子どもはよく〝僕のパパの名前は何ていうの?〟などと聞くのですが、ブランドンは聞かないんです」

ブランドンを迎えに来た母親が、そう話してくれた。少年は、自分の父親がもうこの世にいないことを理解し、母親だけを頼りに生きていく決意を密かにしているのかもしれない。

溢れる犯罪、見えない希望

保育施設を出て、スラムの坂道を上っていくと、地区の端の端、家はもうほとんどない場所に、「カサ・プロモシオン・フベニル」(若者の成長支援・推進の家)という施設があった。フアレスのあるチワワ州の二三カ所で、約三万人の若者を対象に活動しているNGOが運営するものだ。本来は、貧困地域の高校生で、落第や退学の危機にある子どもたちを支える活動をしているが、ここフアレスでは、より幅広い世代の若者を相手に、彼らが犯罪や暴力にのめり込んでしまわないようにするためのプロジェクトを実施し

殺された友人を描いたマリオ・ギド.

ている。メキシコで一般に「パンディージャ」(Pandilla)と呼ばれている若者ギャング団(地域の非行少年グループ)に入りそうな世代を、まっとうな道へと導くことが目的だ。パンディージャは現在、しばしばカルテルの下部組織の仕事をする。そんなことに巻き込まれる前に、別の生き方を選択できるよう、サポートするわけだ。

施設のまわりは、荒涼とした丘陵地帯で、暗くなれば家々の明かりもなく、それこそパンディージャのメンバーが集って悪さをしていても気づかれないような、人気の少ない場所だった。が、日中、施設が開いている間は、地域の少年少女が行き来している。二階建ての建物には、アートや職業訓練に使う部屋が並び、グラフィティやダンス、歌、DJ、ラップ、工芸、パソコン、料理、電気工事などを教えている。

その施設の前の空き地を囲む塀には、パーカー姿の少年が微笑む姿が大きく描かれていた。

「僕が描いたんです」

と、野球帽をキュッと斜めに被った青年が教えてくれる。

マリオ・ギド(二一歳)は、グラフィティ教室の講師をつとめている。グラフィティは、スプレーペンキやフェルトペンなどで広いスペース一面に落書きをすることから始まったアートで、有名なアーティストの作品もあるが、若者たちの自己表現方法としても、広く用いられている。ギャング団が自分たちの縄張りを示すために描くなど、ネガティブなイメージを伴うことも多いが、うまく利用すれば、若者が自分の主張や感情を表現し、多くの人に訴える社会的な芸術としても、存在感を持つ。ギャングとのつながりの深い環境においては、ネガティブな感情をポジティブなエネルギーへと変換する道具となり得る。

「この絵の青年は、僕の友人でした。でも、悪い奴らと付き合っていて、数カ月前、何者かに殺されました。まだ二〇歳そこそこでした。彼のことを忘れないために、そして、こうした犠牲者を増やさないようにするために、ここに描いたんです」

マリオがきっぱりと言う。

「カサ・プロモシオン・フベニル」が開く教室に来ている子どもたちや若者のなかには、薬物を使用している者も多く、カルテルに関わっている者もいる。また、貧しい母子家庭の子どもが多い。母親は一日中マキラドーラで働いており、面倒をみてもらえないため、犯罪組織の甘い言葉に簡単にのせられてしまうのだ。

「親との対話がないために、悪い友人の言葉に騙されやすく、お金が一番大事だと思ってしまう。なかには、一〇〇〇ペソ(約七〇〇〇円)で人殺しを請け負う若者もいます。カルテルは、若者の心理やニーズを、政府よりもよく理解しているんです」

そんな子どもたち、若者たちを正しい道へと導くには、いい仲間をつくり、よりクリエイティブで魅力的なことに触れる機会を提供することが大切だと、マリオは考える。だから若者たちに、パンディージャに入って悪事を働く代わりに、グラフィティ教室に入って描くことを勧める。

「このあたりの若者たちは、まるで何かのクラブに入るかのようなノリで、パンディージャのメンバーになってしまいます。でも、グラフィティなど、NGOが提供する様々な教室に参加すれば、それぞれ別の才能があることに気づいて、それを活かすほうがずっと楽しく有意義だと、わかるはずなんです」

そう話しながら、丘を少し下った所にある別のグラフィティ作品も見せてくれた。

その後で、私たちはある家族を訪ねることにした。パンディージャに実際に襲撃された家族が近くに住んでいる、と聞いたからだ。施設から町のほうへ下る坂道に沿って建つ平屋の一軒に、彼らは暮らしていた。

近寄っていくと、家の前のテラスのような空間に人影が見えたが、どこか冷たく張りつめた空気に包まれている。マリオがなかへ入って家の人に事情を説明して、私たちと話をしてもらえるかどうかを確認する。同意を得たところで、私たちはテラスの椅子に座っていた家主のほうへと近づいて、握手を交わした。

すると、近くでパンク修理屋をしているという一家の主(四一歳)が、その悪夢のような体験を語ってくれた。

「先月の六日、夜一一時頃のことです。その日は一九歳の長女の誕生パーティだったので、私たち夫婦に娘二人、妻の妹一家の八人が、家の前のテラスに集って、会話を楽しんでいました。そこへ、六人の若者が銃を持ってやってきて、私たちに向かって、地面に伏せろ！　と叫んだのです。皆、頭やお腹に銃やナイフを突きつけられて、身動き一つ、できませんでした」

その間に強盗の一部が家のなかを物色して、テレビや携帯電話、カメラ、現金など、金目の物を集めた。

そしてそれらを家の主の車に積み込み、車ごと盗んで逃げた。

「妻の妹一家は、それ以来、もうウチには来なくなりました」

話をする父親のそばに、しだいに家族が集まってくる。

一一歳の次女が、「怖くて、おしっこをもらしちゃったの」と、その時の恐怖を語った。同級生のなかには、パンディージャに父親を殺された子もいるという。長女も、「怖いから、あまり出かけられないの」と、肩をすくめる。

「犯人は、娘がよく知る連中なんですが、そんなことを言えば何をされるかわからないので、おおっぴらにはできないんです」

と、父親が言う。母親も、

「ここには四年住んでいますが、夫の仕事のことさえなければ、もう逃げ出したい気分です。娘たちをちょっとお使いに出す時も、生きて帰るか心配になります」

と、本音を漏らす。

マリオたちの努力にもかかわらず、この地区の若者にとっては、依然として、暴力と犯罪が最も身近で魅力的な生活手段となっていた。

ファレスの若者たちを、ギャングの世界へと追いやっているのは、麻薬カルテルVS.軍と連邦警察、という単純な構図で語られがちな麻薬戦争の裏にある、深い闇の構造だ。麻薬戦争が始まって以来、この町では、人がまともな仕事で稼いで平穏に暮らすこと自体が、二つの意味で困難になっている。一つは、そう望んで努力して築いたものを、犯罪者によって容易く奪われてしまうという現実を前に、努力すること自体がむなしくなってしまっていること。もう一つは、犯罪に関わって稼ぐほうが、圧倒的に高い収入が得られるようになってしまっていること。そうした社会風潮を助長しているのは、敵同士であるはずの麻薬カルテルと連邦警察が、実はつながっているという現実だった。

カタリーナやエクトルたちは、この町に住む一五歳から二〇歳の若者のうち、およそ七万人は、働いてもいなければ学校へも行っていない、と話してくれた。そして、その多くは、カルテルと連邦警察絡みの犯罪に関わっているという。

「たとえば、商店などに対するゆすりの件数は、連邦警察が町に来てから、むしろ増加しました」

と、エクトル。つまり、連邦警察に賄賂としてお金を貢ぐために、カルテルとその下部組織が若者を使って、ゆすりをやらせているというのだ。

「車両強盗も増えており、警察は盗難車を二〇〇〇ペソで買い取って、都合の悪い人間を暗殺するのに使っているといいます」

若者たちは、そんな危険で汚い仕事に頭を突っ込み、命を落としている。それでもやめないのは、月に八〇〇ドル(約六万四〇〇〇円)、貧困層の月収のおよそ六倍は稼げるからだ。その代わり、「五年は寿命が縮まる」と、スペインの主要紙『エル・パイス』は書く。だが、どうせ良くなる希望の見えない人生なら、太く短く楽しく生きたほうがいい。貧困のなかで生まれ育った若者たちは、そう考える。

国境の町フアレスは、希望を求めて「北」を目指す移民でも知られる。が、現在、その国境を違法に越えようとするのは、普通の移民だけではない。成功報酬数百ドルのために、リュックに麻薬を詰め込んで、米国側で待つ「受取人」を目指して、国境を走り抜ける未成年の「運び屋」も多い。途中で捕まっても強制送還されるだけだし、仮に国境警備隊に撃たれるか、のたれ死ぬかしても仕方がない、どのみち長生きはできないと、考えているのだ。

朝、町を車で走り、信号で停まるたびに売りにくる地元新聞の朝刊一面の片隅には、毎日、「昨日は○○人殺された」という数字が掲載されていた。ここでは、人の命が限りなく軽い。

一〇年、二〇年後への不安

「八〇、九〇年代、貧困家庭の母親たちがマキラドーラで働き始めた時代、ある教師がこう言いました。〝一日中母親のいない家ですごす子どもたちは、二〇年後、どうなっているでしょう〟。そして、今、私たちはこう言います。〝暴力に満ちた地域で、独りで育つ子どもたちは、二〇年後、どうなっているでしょう〟と」

カタリーナをはじめ、OPIのスタッフは皆、そう憂えていた。ファレスで子どもや若者の権利を守るために活動するNGOのメンバーの誰もが、今現在よりも、一〇年後、二〇年後の町の姿を心配している。

ここでは女性の半数が、朝六時頃から夕方四時半頃まで、外で働いている。子どもたちはその間、二部制で午前か午後どちらかだけしか授業のない公立学校で四時間ほどすごし、そのほかの時間はほとんど自宅にこもっているしかない。若者の場合は、学校へ行かず、働いてもいない者が多いため、地域ですごす時間がさらに長い。その地域が、銃撃戦が日常茶飯事の、マフィアとパンディージャの巣窟だとしたら、彼らが身につけるものは、モラルや学問や文化とはほど遠い。

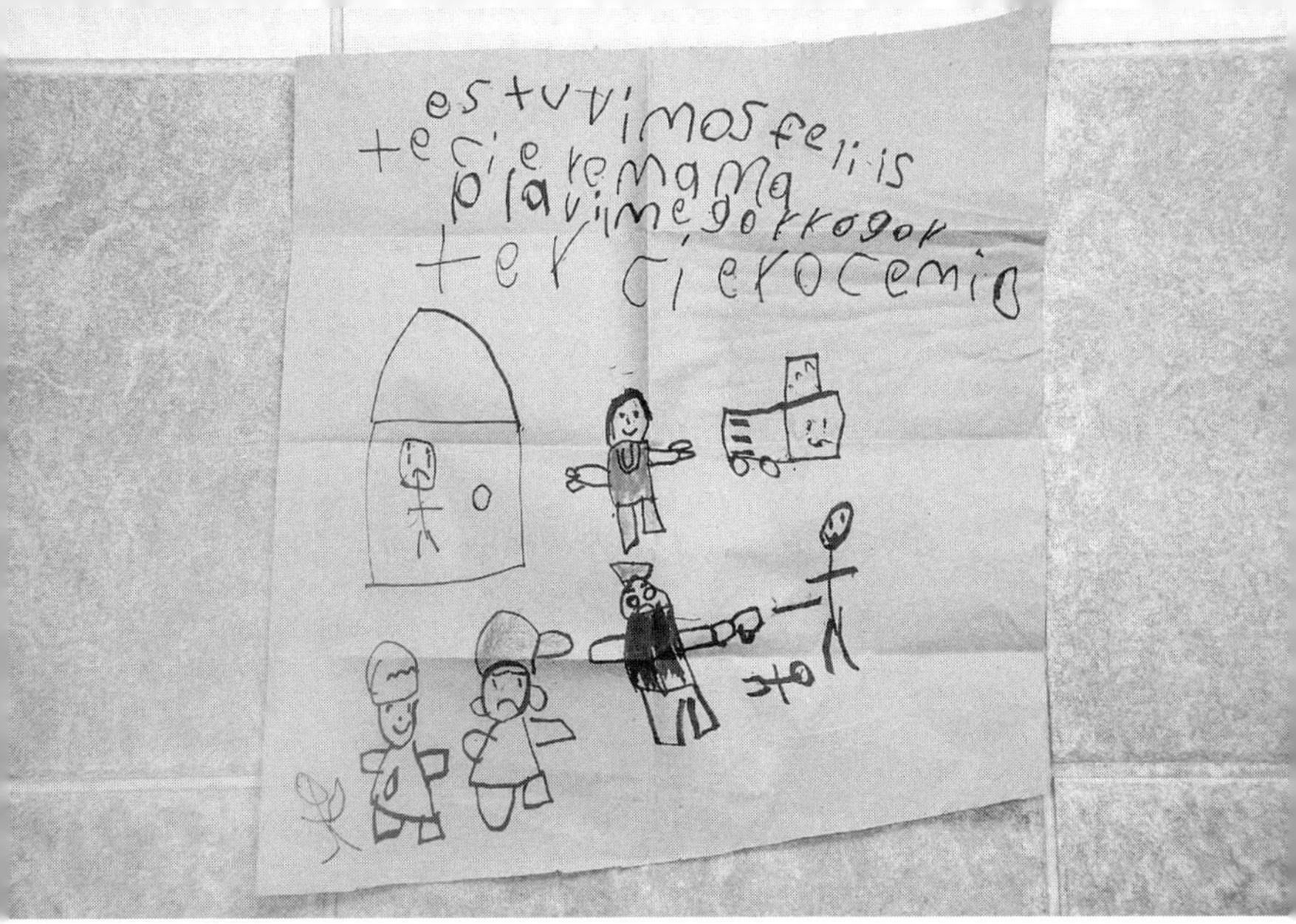

イルマ・カサスが見せてくれた絵の一枚．「幸せだったのに．ママ大好き」などと書かれている．

そうした暴力的な環境が子どもたちに与える影響は、計り知れないものだ。子ども関係のNGOは、口を揃えてこう嘆く。

「目の前で親が撃たれ、自分の上に血まみれで倒れ込んできた経験を持つ子どももいます。目撃した子どもたちも体調を崩しました。そうした子どもたちへの心のケアが、非常に不足しています」

フアレスで、暴力の被害者に対する心理カウンセリングを提供するNGOは、一つしかない。公的サービスに至っては、ゼロだ。専門家の診察は費用が高いため、中・上流層しか利用できない。

麻薬戦争の戦場で育つ子どもたちは、様々なストレスとトラウマを抱えている。町で唯一のカウンセリングを行なっているNGO「カサ・アミーガ」(友だちの家)の臨床心理士、イルマ・カサス(三三歳)は、親を殺された五歳から八歳の子どもたちが描いた絵を見せながら、こんなことがわかると説明してくれた。

「絵には銃や血が多く描かれています。子どもたちは殺人現場をよく知っている。そのせいで悪夢を見続けていることも、わかります。人物の顔にしばしば目や鼻などが描かれていないのは、自分は目撃したくない、という思いの現れで、その記憶に苦しんでいる証拠です」

だからこそ、セラピーが大切だと強調する。ケアを受けずに成長すれば、暴力の連鎖を生むからだ。

自宅を訪ねた際、「将来はサッカー選手になりたい」と話してくれた、父親を殺された少年も、こんな言葉を漏らしたことがあると、彼の祖母が話していた。

「大人になったら、殺し屋を雇って、パパの仇をとるんだ」

暴力の被害にあった子どもたちは、胸の奥の恐怖や苦しみ、悲しみを表に出し、事実を受け止め、消化するための支援を受ける必要がある。それをせずにすごすと、一生その記憶に苦しめられることになる。ストレスのはけ口を見い出せないと、自分や他者に対する暴力行為や暴力的思考を日常化させてしまうことも多い。それは、平気で暴力を振るう人間をつくり上げることにつながる。

町の子どもたちの間では、こんな遊びが流行っていた。……「誘拐犯」と「市民」の役に分かれて、誘拐犯たちは「身代金」をいくら要求するかを話し合い、それを市民に突きつけ、要求が受け入れられないと人質を「殺害する」。

暴力に嫌悪感を抱くことのない人間は、麻薬で自分を傷つけ、集団で人を脅し、殺すことも平気になる。そんな人間が増えたら、町は、麻薬戦争がなくなるどころか、ますます危険な場所になる。メキシコ政府は、そうした現実に目を向けず、目先の「成果」だけのために戦争を続けていた。カタリーナたちの不安は、募る一方だった。

この現実を前に、彼女たちは、メキシコシティのナシエリらとともに、「アスロ・ポル・フアレス」（フアレスのためにやろう！）というキャンペーンを繰り広げていた。このキャンペーンでは、保育園や幼稚園、小学校のネットワークを築き、そこで働く先生たちに、暴力の蔓延《はびこ》る環境に生きる子どもたちに対する接し方を教えるワークショップを開き、先生の対応力を高めて、子どもたちが少なくとも保育園や幼稚園、学校では安心してすごせるようにする試みをしていた。と同時に、不足している公立保育施設の数を増やし、町のすべての地域の幼い子どもたちが、親が仕事で不在の時間帯を誰か大人と一緒に安心してすごせる状況をつくることを、政府に要求していた。

カタリーナ曰く、

「フアレスには今、〇歳から五歳までの子どもが二〇万人いるのですが、そのたった五パーセントしか保育施設にアクセスがありません。驚いたことに、市の予算編成にはこれまでほとんど乳幼児に関わるテーマが含まれておらず、市政の課題にすら上らなかったんです。私たちはその流れを変える努力をしています」

当面の目標は、三年の間に計一万六〇〇〇人分の保育施設を町につくることだ。政府がそれを実行に移すよう、圧力をかけるために、キャンペーンはネットやポスター、様々なグッズを用いて、市民にその目的と要求についての情報を広めていた。市民が動かなければ何も変わらないことを、カタリーナたちは、麻薬戦争という日常のなかで、嫌というほど思い知らされたからだ。

一〇年、二〇年後が現在とは異なる、平和な空気に包まれた日々であるよう願いながら、フアレスの人々は、自分たちができることを、こつこつとやり続けていた。

2

子どもたちを飲み込む暴力

La violencia que absorbe la niñez y la adolescencia.

社会問題への無関心を批判したキング牧師の言葉を描いたグラフィティ.
(シウダー・フアレス)

メキシコで麻薬戦争が激化していくなか、ラテンアメリカのテレビや映画界では、ある麻薬王の生涯を描いた作品がいくつも登場し、話題となっていた。コロンビアが麻薬密輸組織の一大拠点として知られていた一九七〇、八〇年代、絶大な力を誇った男、パブロ・エスコバル。メデジン・カルテルの大ボスだ。彼は、米国で麻薬需要が急速に伸びた時代、コカインの取引を牛耳っていた。当時、メキシコの麻薬組織は、まだコロンビアのカルテルの下請け的な存在にすぎなかった。

メキシコにおける麻薬の生産は、一九世紀に北西部の鉱山などで働く中国人労働者がケシ(アヘンの原料)の種を持ちこんだ頃から始まったといわれるが、その後も常に、米国での麻薬需要に応じて、その生産量と種類が変化してきた。貧しい農村で、伝統的なトウモロコシや豆をつくるのではなく、ケシやマリファナなど、米国人が高く買ってくれる麻薬の原料を栽培するほうが儲かると教えられた農民たちが、生活のために生産を担った。ベトナム戦争の際は、米軍が兵士に、恐怖心を取り除くために与える用途で、大量のマリファナがメキシコでつくられ、米国へ運ばれた。だが、それはまだ、市民を巻き込んだ血みどろの麻薬戦争をもたらすような、危険な匂いは漂わせていなかった。北西部のシナロア州では、後に巨大カルテルを操るようになる男たちが、貧しい農民暮らしから抜け出そうと、小さな麻薬取引を始めていたが、あくまでもファミリービジネスにすぎなかった。

九〇年代に入り、コロンビアの麻薬カルテルが仕切る麻薬密輸ルートが、米国による取り締まりの強化を受けて、南米からカリブ海を通ってフロリダへ至る海路から、中米やメキシコを通る陸路へと移行していくなかで、メキシコの麻薬組織はしだいに勢力を増していく。一九九二年、サリーナス政権(当時)によって、憲法第二七条が修正され、それまで「エヒード」と呼ばれ、耕作権のみが与えられていた農地の私有化が認められると、貧しい農民たちは、カルテルのために麻薬栽培を行なう者たちに土地を賃借し、自分たちはその労働力となって、麻薬ビジネス拡大に一役買うようになっていく。そして、一九九三年一二月、エスコバルがコロンビア治安部隊によって殺害され、米国とコロンビア両政府によるカルテル壊滅作戦が功を奏して、コロンビアのカルテルが弱体化していくなかで、メキシコの麻薬カルテルが、いよいよ台頭してくる。

一九九四年、米国、カナダ、メキシコ間で北米自由貿易協定(NAFTA)が発効すると、新自由主義的グローバル化の下で、米墨国境における人とモノの行き来が急激に拡大したことが、カルテルの活動を後押しすることになる。その結果として、ティファナ・カルテル、フアレス・カルテル、ゴルフォ・カルテルといった巨大な麻薬犯罪組織が台頭するようになったのだ。そして、それらが密輸ルートをめぐり、全国で抗争を繰り返すなか、大小様々なカルテルがつくられていく(こうした歴史は『メキシコ麻薬戦争』ヨアン・グリロ著、山本昭代訳、現代企画室、に詳しい)。

世界で新自由主義的グローバル化の動きが加速すると、麻薬カルテルは、国際的なビジネスネットワークを拡大し、何百万ドルもの大金を稼ぎ、その縄張りをめぐってメキシコ各地を戦争状態に陥れ、子どもや若者をその「戦場」へと送り込んでいった。

殺し屋になった少年

二〇一〇年一二月、メキシコ中に衝撃の走る出来事が起きる。首都メキシコシティのすぐ南のモレーロス州で、弱冠一四歳の「殺し屋」が逮捕されたのだ。彼の名は、エドガル・ヒメネス・ルーゴ。通称、エル・ポンチス。彼は、二〇一〇年半ばにユーチューブに登場した映像で、市民はもちろん、当局の関心を集める。敵を拷問している動画がアップされ、それが世間に広まったからだ。

エドガル少年は、米国との国境の町ティファナへ向かう飛行機に搭乗しようと、モレーロス州の地方空港へ向かう途中で軍に逮捕された。その直後、複数の兵士に伴われ、暗い道の塀際に立たされて、記者の質問を受ける姿を捉えた映像が、ユーチューブにある。未成年にもかかわらず、何のぼかしも入っていない。

そこに映し出されているのは、だぶだぶのズボンのポケットに手を突っ込み、背中を丸めて、兵士に指示されるほうへと歩く小柄な少年だ。まだ幼さの残る顔をしているが、妙に落ち着いた態度で塀の前まで来ると、携帯電話でインタビューを録音する記者のほうを向いて、問いに答えている。

「何歳から人殺しを?」

「一二歳」

「誰の命令で?」

「エル・ネグロ(パシフィコ・スール・カルテルの殺し屋たちのリーダー、フリオ・デ・ヘスス・ラディージャ・エルナンデス)」

「ヤクを使わされて、殺しをやらされてた?」

「うん。マリファナを吸わされてた」

「どういう経緯で、グループに入ったんだい？」

「無理矢理入れられた」

「強制的に？」

「そう」

「どう強制されたんだい？」

「（カルテルのために）働かないと、殺すって」

「両親はいないのかい？」

「いない」

　容赦なく質問を投げかける記者を相手に、少年は淡々と話す。学校には、「勉強が嫌いだったから」、小学三年の途中までしか行かなかったという。カルテルで一緒に動いていたグループの仲間に、同世代はいたかという質問には、「いない」と言い、自分を守ってくれるような仲間はいなかったと語った。

　記者が何度か両親について問いただしたが、彼はひたすら「いない」、「死んだ」と言い続けた。が、複数の現地報道によれば、彼が生まれた米国カリフォルニア州のサンディエゴに義母がいるようだった。また、きょうだいは「六人」だと答えた少年に、記者が「ほかにもカルテルに関わっているきょうだいはいるか」と聞くと、これにも「いない」と答えるが、実際には、逮捕当日、二人の姉とともに、国境の町ティファナ行きの飛行機に乗る予定だったらしい。おそらく、姉たちの身を気遣って嘘をついたのだろう。姉の一人は、エル・ネグロの恋人で、敵の遺体を「片付ける」役割を担っていたという。

一一歳で強盗などの犯罪に手を染め、一二歳で「エル・ネグロ」に殺し屋として働くよう命じられて、敵の首や生殖器を切り落とすことを教えられた少年。彼はその仕事をこなすために、軍隊式の訓練も受けさせられ、やらないと殴られたと話した。仕事さえこなせば、大金を与えられたという。

少年自身の言葉によれば、彼はボスであるエル・ネグロに、「おまえは命を狙われているから、もう国外へ脱出したほうがいい」と言われたという。そこで、生まれ故郷であるサンディエゴへ行くために、ティファナを目指していたらしい。

少年が関わったと自白した四件の殺人のうち、一件の被害者の遺体は高速道路に投げ捨てられていた。頭部からは脳みそが取り除かれ、代わりに挽肉が詰められていたという。本人は「殺しはしたが、死体をバラバラに切断したり、逆さまに吊るしたりはしていない」と話しているが、真相はわからない。「殺したのは四人だけ」というのも疑わしい。ただひとつはっきりと言えることは、彼が生まれた家庭も、彼を犯罪者に育てたカルテルも、子どもにとっての幸せからはかけ離れた環境しか、この哀れな少年に与えなかったということだ。

カリフォルニア州サンディエゴで生まれた時、少年の両親は薬物(コカイン)依存症で、麻薬所持のために服役中だったらしい。サンディエゴの裁判所は、彼とそのきょうだい、計六人の親権を、メキシコのモレーロス州テハルパ村に住む祖母へと移す決定を下したという。そうして始まったエドガルのメキシコ生活は、最初は順調にみえた。が、二〇〇四年に祖母が糖尿病で死去してから、しだいに状況が悪化していく。一時、叔母の家に引き取られるが、すぐにまたテハルパ村の家へもどる。その時一緒に暮らした従兄は、「エドガルはおもちゃは嫌いで、いつも川へ行って遊んでいた。そのうちに、それすらしなくなり、独りですごすようになった」と、米国の地方紙に語っている。少年が逮捕された時、かつて彼を教えたことのある教員は、「いい子だったのに。親の養育放棄によって深く傷つけられた子どもだった」と語った。彼が逮捕時に目指していた終着点、サンディエゴの義母は、少年の逮捕から四日後に、不法滞在で逮捕された。

二〇一三年一一月、未成年の最高刑である三年という短い服役を終え、一七歳となったエドガル少年は、人生をやり直すために、彼の身元引受人となった米国テキサス州に住む叔母のもとへ向かった。その後の人生については、わからない。私たちは、環境の変化が彼自身を変えるために役立つことを祈るばかりだ。もしも今頃、無事に穏やかな暮らしを手に入れているとすれば、エドガル少年は、まだ運が良かったほうなのかもしれない。

実は彼が自由の身となる九カ月ほど前、ひとりの「殺し屋」少年が命を奪われた。ホルヘ・アルマンド・モレーノ。一三歳だった。

ホルヘ少年は、殺される三週間ほど前に、一五人の男たちとともに連邦警察に拘束され、一〇件の殺人に関して取り調べを受けていた。そのうち三件は彼自身が直接手を下したと告白していた事件だ。しかし、事件が起きたサカテカス州の少年法では、一四歳以上でないと、刑罰を与えることはできないことになっている。だから彼は、まもなく解放された。ところがその後、五人の大人と一緒に遺体となって捨てられているのが、発見された。拷問を受けた痕が見られた。

「未成年は使い捨てできる働き手として、カルテルがリクルートする格好のターゲットになっているんだ。少年法に守られ、逮捕されてもすぐに釈放されるので、組織へのダメージが少ないからね」

二〇一一年の秋に再会した時、REDIMのファン・マルティンは、多くの未成年が麻薬犯罪組織に入っている背景を、そう説明した。敵との抗争に明け暮れているカルテルは近年、新たな人員を若年層から確保しており、少なくとも、三万人の未成年が犯罪組織のために働いているという。大半は、誘拐され、脅迫されて働かされており、その「仕事」も麻薬の売人から殺し屋まで、と多様だ。

何らかの理由で武装している若者に至っては、全国に四万人以上いるとも話した。これらの事実は、ファレスのカタリーナたちをはじめ、多くの子ども支援NGO関係者が、将来のこととして心配していたことが、すでに現実になっていることを示唆していた。子どもたちを暴力的な環境から切り離すための取り組みは、より重点的に、できる限り多くの大人の手によって、なされなければならない。

非暴力を説く元ギャング・リーダー

ファン・マルティンは、この時、私たちの関心と取材の意図を汲んで、一人の活動家を紹介してくれた。

「カルロス・クルスに連絡してみるといいよ。暴力と隣り合わせの環境に生きる子どもや若者を対象に、とてもおもしろい活動をしているから」

カルロス・クルス(三七歳)。彼は、元パンディージャのリーダーだという。

「子どもたちに非暴力の精神を広めているんだ」

意外だろ、とでも言うように、ファン・マルティンが微笑む。

もらったメールアドレスにさっそくメッセージを送り、翌日、電話をしてみた。

「ああ、メールは読んだよ。明日の朝、青タイルのサンボーンズ(レストランの名前)の二階に八時でどうだい？　朝食時間だ」

低く慎重な声が言う。

「はい、それで結構です。ありがとう」

私はすぐに同意し、

「で、そちらは私たちのことが（日本人なので）一目でわかると思いますが、あなたはどんな格好でいらっしゃいますか？」

と確認する。

「とにかく大きい男だと思えば、すぐにわかるよ」

翌朝、私たちは指定されたレストランから徒歩一〇分ほどの場所に暮らす友人のマンションを出て、標高二二四〇メートルの高地に築かれたメキシコシティの冷たい空気のなかを、急ぎ足で進んだ。指定されたレストランは、世界遺産にもなっている旧市街の一角、観光客も多い、歩行者専用の通りにある。観光ガイドブックにも載っている、外壁に青いタイルがほどこされた二階建ての歴史的建造物だ。そこには、江戸時代初期、伊達政宗の命でヨーロッパを目指して旅した「慶長遣欧使節」の大使、支倉常長が宿泊したと伝えられている。

由緒ある館には現在、世界的な億万長者であるメキシコ人、カルロス・スリムの一族が経営するレストラン・チェーンが入っている。一九八五年のメキシコ大地震以来、斜めに傾いたまま地盤沈下し続けているため、上る階段にもどこか歪みのようなものが感じられ、二階の床は見るからに傾斜している。が、四〇〇年以上前の姿を残す石造りの建物は、思いのほか頑丈で、内壁は草花や鳥を描いた美しい壁画で飾られ、人々はそこで沈みゆく石の大船と運命をともにするかのように、ゆったりとした時をすごす。

指定された二階のレストランは、二側面に開かれた大きな窓から差し込む日差しで明るく、入口からの見通しがよかった。「大男」を探す私の視線の先に、まさにそれらしい男の姿があった。

「カルロス・クルス？」

近づきながら声をかける私に、男が顔を向けて、立ち上がる。大きい。身長一八五センチは優にありそうだ。腹回りもかなりあり、目つきも鋭く、ハワイ出身のかつての横綱・曙をモジャモジャ頭にして、ジーンズを履かせたような風貌だった。元ギャングらしい威圧感もある。

握手をして、再び自分の席に座ったカルロスは、

「早く着いたから、先に注文させてもらったよ」

と、自分の前に置かれたホットケーキが何枚ものった皿を見た。第一印象と食べているもののギャップに、少し緊張が解ける。

「ずいぶんと早起きなんですね」

私がそう言うと、カルロスが、わけあり顔でこう語った。

「車で来るから、この近くの駐車場が満車にならないうちに着くよう、早めに家を出たんだ。公共交通機関はなるべく使いたくないんでね」

なぜかと問い返すと、私たちのほうに身を屈めて、

「地下鉄やバスは危険だからだよ。命を狙われる可能性があるんでね」

と、低い声で言う。予想外の答えに少し戸惑いながら、私はより詳しい説明を求めた。すると、ここ一年

初めて会った時のカルロス．視線の鋭い元横綱“曙”というおもむき．

余りの出来事を、順を追って話してくれる。

「私は二〇〇六年から二〇〇八年まで、一年の半分近く、モンテレイに住んでいたんだ。向こうのスラムで、青少年のためのコミュニティセンターを独自に運営していたんでね」

モンテレイとは、メキシコ北東部にある、この国第三の都市のことだ。ヌエボ・レオン州の州都で、九つの市からなる大都市圏の人口は、四〇〇万人を超える。毎年一二月に行なわれるサッカーのクラブワールドカップで、何度か日本に来たことがあるCFモンテレイの本拠地としても知られる。だが二〇一一年には、まったく別の意味で有名になる。フアレスよりも殺人事件が多い、メキシコ一危険な町として知られるようになったのだ。

「私たちのセンターがある地域にも、ロス・セタスが入ってきて、センターに通う若者たちをリクルートし始めたんだ」

センターでは、若者七〇人ほどにTシャツ製作や木工、グラフィティなどの創造的で職にもつながる活動を広め、奨学金も提供していた。が、二〇〇八年のある日、メキシコの麻薬カルテルのなかでも最も凶暴なことで知られる、「ロス・セタス」のメンバーが武装して押し入り、若者たちに暴行を加えた末に、センターの活動を中止しろ、と脅したのだ。

「彼らは、センターに若者が大勢集まるのは、そこで対立組織が麻薬を売っているからだと考えたんだ。そんなことはなかったのに。だがセンターは閉鎖せざるを得なくなった」

この事件のあとから、カルロスは、身の危険を感じるようになる。

「脅迫されたこともある。実際に殺されそうになったこともあったよ。幸い、相手が素人だったので、逃げられたけどね」

かすかな笑みを浮かべる。さすがは元ギャングのリーダーだ。が、それでもやはり、命を狙われていると感じる日常のストレスは、大きな負担だった。

「少し前まで、一年間、メキシコシティ政府が私にボディガードを付けていたくらいだ。でも、それはそれで不自由でストレスになったから、今年は断わった。ここ数年間のストレスで多食症になってしまい、太ってしまったしね」

目の前にいる「曙」は、命がけの日々の産物だった。

それにしても、彼はなぜ、ギャングをやめて、非暴力を語り、広める活動をするようになったのだろう。そこがまさに、メキシコの未来を左右する若者たちの問題につながる点だ。私の問いかけに、彼はかすかな憂いの混じる神妙な顔で、こう応じた。

「暴力は何も解決しないし、誰も幸せにできないとわかったからさ」

彼にそんな結論と変革の意志をもたらしたのは、一人の親友の死だった。

二〇〇〇年三月一三日。その日付は、カルロスの脳裏にしっかりと刻まれている。当時、彼の右腕だった青年は、道で敵と遭遇し突発的な撃ち合いになった際、彼の目の前で撃ち殺された。その衝撃は、とてつもなく大きかったと、カルロスは振り返る。その時、ほかの仲間たちはすぐに、「復讐しよう！」と叫んだ。が、彼はふと立ち止まって考える。このまま抗争を続けても、もっと仲間を失うことになるだけじゃないか、と。そこで、犯人を捕まえて裁判に持ち込もうと、はやる仲間たちを説き伏せた。

「その法廷に出た時だ。傍聴席に、生後六カ月くらいの赤ん坊を抱えた、一六歳くらいの少女がいた。彼女は、ずっと泣いていた。あとで、それは犯人の妻だと知った。その時、気づいたんだ。犯人も私たちも、同じ立場なんだということに。暴力のあるところに、加害者も被害者もない。皆、その犠牲者なんだよ」

カルロスは、この出来事を、これまでの人生のなかで、最も大きな気づきの一つだと言った。そして、この気づきをきっかけに、ギャングをやめる決意をする。そのことを、幼い頃から尊敬してきた人物、母方の叔母の夫である「ドクター」に伝えると、「君はいつか特別なことを始めるに違いないと、思っていたよ」と、告げられた。

「それから私は、ほかのギャング団のリーダーたちに会って、このまま抗争を続けていてもいつか全員死ぬだけだから、やめようと話した。すると、彼らは口を揃えて、そうするなら別の居場所がほしい、と言ったんだ」

そう、若者たちは、「ギャング団」が自分たちの唯一の居場所だと感じていた。だから、やめられなかった。ほかに居場所があれば、やめることができるかもしれないと思っていたのだ。

そこでカルロスは、家族が都心の外れに持っていた古い家をもらい受けて、少しずつ改装し、スラムの子どもや若者たちが集うことのできる独自の「青少年コミュニティセンター」を立ち上げる。そして、様々なパンディージャのリーダーたちに呼びかけ、センターで一緒に活動を企画、実行することを提案する。

「それが、今運営しているNGO「カウセ・シウダダーノ」の始まりだよ」

「カウセ・シウダダーノ」(Cauce Ciudadano。以後、カウセ)は、「市民の川床」という意味の名前を持つ、カルロスがギャング仲間と創設したNGOだ。全国六つの州で約二五万人の子ども・若者たちとともに活動している。活動拠点は、「青少年コミュニティセンター」で、そのほかにも学校やコミュニティなど、非暴力の文化を広めるのに必要な所へと、いろいろなワークショップを出前している。

「カウセ・シウダダーノ、そしてあなた自身の活動を、ぜひ取材したい」と言うと、

「君たちは、いつまでメキシコにいるんだい?」

と、聞き返された。三週間ほどキューバへ取材に行くが、そこから戻り、日本へ帰国する前には、まだ一週間ほど時間があると話すと、

「じゃあ、一〇月頭にモンテレイでやる非暴力のワークショップに、一緒に行くかい?」

と、提案された。願ってもない話だ。

ギャングを生んだもの、変えたもの

別れる少し前、まだレストランの席に座っている間に、カルロスがふと、こんなことを言い出した。

「ほら、気づいたかい？ さっき入ってきて、私たちの斜め後ろの席に行き、しばらく座っていてから立ち去った男。あれは警察官だ。私の様子を監視していた」

入ってきた男。監視。私には何のことやら、見当もつかなかった。篠田も、同感、とでも言うように、口をへの字にしてこちらを見る。要するに、カルロスとの会話に集中していた私たちには、周囲の人々の動きなど、ほとんど把握できていなかった。

なのに、カルロスは、脇を行き交う人間一人ひとりの動きをちゃんと確認していた。彼はいったいどんな環境で育ったのか。私は気になってきた。そこで後日、彼の半生について話を聞くことにした——。

メキシコ南東部、チアパス州の太平洋岸に位置するマパステペック。現在人口およそ四万人のこの町が、カルロスの両親の故郷だ。隣町アカコヤグアには、一九世紀末、明治政府の海外移民政策により初めてラテンアメリカを目指した日本人たち、「榎本殖民団」でメキシコに移住した日本人の末裔が暮らしている。亜熱帯気候の、花と緑溢れる地域だ。と同時に、古くからの農村地帯特有の、保守的な文化風習が根強く残る所でもある。

彼の両親は、地域の伝統的な農民一家の出で、父親は就学したが、母親は「女子に教育は不要」という古い考え方の家庭の方針で、幼い頃からひたすら、畑で穫れたトウモロコシを材料に、主食のトルティージャ（トウモロコシの粒を挽いて、丸く平たく延ばして焼いたもの）をつくり、家事を手伝うことが、日課だった。

「母は、近くに住む日系人に教わって、肉じゃがのようなものもつくれる、料理上手な女性だった。が、一七歳で父と結婚するまで、読み書きもできなかった。父は、高校へ通うために、一五歳の時に単身、メキシコシティへ出た。母の家族も同じく首都へ出てきたので、幼なじみだった二人はそこで結婚したんだ」

だが、両家は「ロミオとジュリエット」の物語のように、村では対立している家系だったため、結婚は大きな反対にあった。それを押し切って一緒になった二人は、メキシコシティの妻の実家で暮らし、五人の子どもをもうけた。上三人が女子で、下の二人が男子。カルロスは末っ子だ。

「私は落ち着きのない子どもだったが、創造力には長けていた。それに勉強は好きだった。特に数学がね。その一方で、家庭では暴力を当たり前のこととして育った。一日に数回、親に叩かれる日々だった。そして、男は腕力で勝負するのが当たり前だと教えられたんだ。私は、父が暴力を振るうのを〝見て〟、その〝臭い〟を感じ、それに〝染まって〟いった」

メキシコの保守的な農村やスラムの貧困家庭では、多くの場合、それが今でも当たり前であるなか、カルロス少年は、その誤った、しかし典型的な教えを受けて育つ。七歳からは父親にボクシングを教わり、近所の子どもにケンカばかりふっかけるようになった。強かったので、それを父親にほめられ、調子に乗っていた。

「暴力は感染するんだよ」

まわりの少年たちも、彼とやりあうことで、暴力に染まっていった。

その一方で、彼自身は、近所の子たちとは異なる考えや習慣も身につけていく。

「小学五年生の時には、校舎の修理をしている左官たちが休憩時間にコインでやる賭けに参加して、負けると支払いのために物乞いをした。そしてある日、卵とチョコレートを恵んでもらったんだ。私は、近くの店でそれをキャンディ一握りと交換してもらうことを思いついた。そうして手に入れたキャンディを、学校で売ったんだ。稼いだお金を元手に、またキャンディを仕入れて売るという、商売にハマっていった」

ひょんなことから、商才に目覚めたというわけだ。

教師には、「誰の許可を得て、そんなことをしたんだ！」と、厳しくとがめられた。が、母親は、「許可をとらなかったことは間違いだったけれど、アイディアは悪くないわね」と、息子をほめる。そして、彼に自宅の前でちょっとした駄菓子屋をやることを許した。そのことがカルロスに、何でも自分で知恵を絞って解決することを教えた。

「あれこれアイディアを考えるのが楽しくなった。だから、テレビよりも本が好きだった」

メキシコの有名な喜劇俳優の自伝や、ジュール・ベルヌの『海底二万マイル』など、想像力をかきたてる作品を、次々に読んでいった。そうした発想力が後に、パンディージャでギャングを率いたり、NGOを立ち上げて運営していく時に、役立った。

中学に上がった頃から、彼の人生に、パンディージャが登場する。一九八五年頃のことだ。カルロスが住んでいる地区にはパンディージャが一つあり、彼が通う学校のある地区には、また別のパンディージャがあった。が、彼は、自分で新しいグループを創る。

「私は一三歳だったが、仲間は皆歳上で、一六、七歳だった。私たちは、縄張りや女の子をめぐって、ほかのグループと争いを繰り返した。まさに、マチスモ(男性優位主義)の表れだ」

中学時代は典型的なパンディージャ世界に身を置いていた少年は、高校へ上がる頃から、よりタフな世界へと入り込んでいく。政治的な信条の問題で対立するギャング団の抗争に関わることになったのだ。それは、ギャング同士だけでなく、その背後にある権力、つまり政府と対峙する活動だった。

「私は、住んでいた地区で高校へ進学した唯一の人間だった。八〇年代後半から九〇年代初め、メキシコでは公立高校・大学で、保守と革新の対立が起きていた。国の政治状況とリンクしたものだった」

一九八八年、万年与党だったＰＲＩ(制度的革命党)の腐敗ぶりに嫌気が差した者たちが、ＰＲＩを離れたクアウテモク・カルデナスを中心とする左派連合をつくり、大統領選を戦う。ＰＲＩは、一九一〇年に勃発し、ラテンアメリカ初の民主主義革命といわれたメキシコ革命の精神を受け継ぐと自負する政党だったが、実態はその逆で、独裁色が強く、汚職まみれだった。だから、カルデナスらは、ＰＲＩに見切りを付け、新たな左派勢力を築こうとしたのだ。

カルデナスは、大統領選で事実上の勝利を収める。が、ＰＲＩに票を不当に操作され、大統領の座に就くことを阻まれた。そこで一九八九年、新たな中道左派政党「民主革命党」(ＰＲＤ)を結党し、不正ばかりを続ける与党に対抗する勢力として、打倒ＰＲＩの狼煙を上げる。

「私たちのように革命的な高校生も、何もかもを自分たちの思い通りにしようとするＰＲＩ体制に反発し、彼らの手先となっていた高校生のグループ、〝ポリスタ〟たちと、闘ったんだ」

真剣な眼差しで、カルロスが語る。当時のメキシコの高校・大学生は、非常に政治意識が高く、市民の意思に反する政治を行なう与党に対する怒りと闘争心に燃えていた。私が高校生だった時代を含め、政治に無関心といわれる八〇年代以降の日本の若者からは想像もつかないような政治闘争が、メキシコの公立高校を舞台に繰り広げられていた。そして、その闘争の先頭に立った一人が、カルロスだった。

ＰＲＩ政権が体制に不満を持つ者たちを特定し排除しようと、権威に弱いギャングまがいの若者を取り込み、彼ら〝ポリスタ〟たちに薬物や武器の入手を許して、学校そのものを支配する権限を与えようとしていることに、カルロスたちは反発した。

カルロスの高校には八〇〇〇人ほどの生徒がいたが、そのうち一六〇〇人近くが、ＰＲＩの手先となったポリスタだった。彼らは、民主的な政治を求める革命精神に富んだ生徒たちを、銃を使って脅し、暴力で服従させようとした。そこでカルロスたちは、彼らに対抗して、一五〇〇人ほどの自衛組織をつくる。武装し、犯罪行為（主に窃盗）を行なうという意味においては、ポリスタたち同様に、ほとんどパンディージャと同じような集団だった。

「自衛といっても、暴力を振るうということに、変わりはなかった」

と、カルロスは自己批判する。ただ、彼らの場合、たとえば敵からの盗みで手に入れたお金の七五パーセントは、学校の机や椅子、本の印刷、討論会の開催などに投資していた。体制による弾圧に対抗するために、自分たちの資金で自分たちの考えを広める活動をしていたのだ。

「大統領選挙における不正を見てもわかるように、ＰＲＩ体制の独裁色はますます濃くなっていた。彼らはポリスタたちを使って、多くの学校を支配しようとしていた。だから、私たちは彼らの手から学校を取り戻すために闘っていたんだ。私は、午後の部に通う生徒たちの反体制組織のなかで政治戦略担当をつとめ、同時に、〝カオス〟というヘビーメタル・バンドのリーダーもしていた。二足のわらじを履いていたわけだ」

愉快そうに、カルロスが言う。

彼らは、ポリスタが侵入しないよう、毎日、学校の入口に武装したメンバーを立たせた。その一方で、自分たちを支持する貧しい家庭の生徒たちのために、学校の食堂で一六〇人分の昼食を無料で配ったりもした。やり方はめちゃくちゃだったが、民主主義の理想を求めての行動だったことは、確かなようだ。

当時、メキシコの主要な国立大学であるメキシコ国立自治大学や国立工科大学、それらにつながる高等教育機関における学生闘争は、多くの学校を巻き込んで拡大していた。体制派と反体制派のグループが縄張り争いを繰り返し、時には死者を出すこともあった。

「ある時、ポリスタたちのグループと、そこから独立しようとした生徒たちのグループが争いになり、生徒が三人死亡する事件が起きた。それを口実に、警察が学校に踏み込み、私たちのグループを排除して、別の体制派グループを送り込んだ。そのせいで、私たちは学校に居場所を失うことになったんだ」

それ以降、カルロスは再び、地元のパンディージャの活動に戻り、「ペドロ・デ・アルバ」というパンディージャのリーダーになった。学校も退学になってしまったため、読書や仕事を通して、「自力で学ぶ」ことに専念する。

「退学になったのは、校長が未成年の少女とセックスをしている現場を目撃し、写真に撮って校内に貼り出したせいだ。退学だと告げられた時、私は、〝そもそも自分に合う学校なんてない〟と思ったよ」

子どもの頃から個性的で自立心が強かったギャング・リーダーは、仲間を率いる一方で、叔母の夫、

「ドクター」に、ロボットや医療機器の話を聞いたり、数学を教えてもらったりした。

そんななか、大きな価値観の変化をもたらす体験をすることになる。それは、メキシコでも、特に貧困率の高い州の一つであるゲレーロ州で、選挙のための住民調査を手伝う仕事をした時のことだった。

「一九九八年、南西のゲレーロ州へ行き、選挙の準備として、各町村の有権者数を調べる手伝いをした。大きな町はもちろん、山奥の小さな村まで出向いた。そこで初めて、私は真の貧困と暴力を知ったんだ」

首都圏で育った青年は、この時初めて、農村部の貧困と、貧しい農民たちを力で支配する地主や役人たちの横暴を目の当たりにする。

「水道もない不衛生な村で、人々は常に死と隣り合わせの暮らしをしていた。仕事の期間中に、私もサルモネラ菌に感染して重病になってしまったが、治療を受けて何とか助かった。しかし、農民たちのなかには、病気になっても、治療を受けられない、水も飲めないで、死んでいく者もいた。毎日まじめに働き、慎ましく暮らしているのに、だ。必要な水を得るために、地主の土地に無断で入ったというだけで殺された者までいた。その現実を前に、私は、自分のこれまでの闘いなんて、たいしたことはない、と思った」

街に戻ったギャング・リーダーは、相変わらずのギャング生活を続けながらも、それまでとは異なる視点から、物事を見るようになっていった。仲間たちを含め、人々が本当に民主的で平和な世の中で暮らせるようにするためには何が必要なのかを、少しずつ真剣に考え始めた。ちょうどそんな時に、自分の右腕で親友だった青年が、敵との抗争で殺された。

そしてカルロスは、心の底から悟る。

「暴力は何も解決しない。不幸を生み出すだけだ」

モンテレイへ

二〇一一年一〇月初め、キューバから戻った私と篠田は、カウセの経理担当、ベレニーセが予約してくれたモンテレイの格安ホテルと航空券のセットをメールで受け取り、カルロスとともに、飛行機に乗り込んだ。

メキシコ北東部ヌエボ・レオン州の州都モンテレイ。米国との国境から約二〇〇キロのこの街では、二年ほど前からゴルフォ・カルテルと、かつてその軍事部門だったロス・セタスの抗争が激化していた。二〇一一年は特に酷く、前年一年間で組織犯罪絡みで殺された人の数(計二七八人)の約三倍にもなる計八四六人が、半年のうちに殺害された。八月には、ゴルフォ・カルテルと関係があると見られるカジノが、みかじめ料の支払いを拒否したためにロス・セタスの報復を受け、放火によって五二人が死亡するという事件も起きた。ロス・セタスの進出により、モンテレイはフアレスを抜いて、メキシコで最も危険な街になっていた。だから、カルロスは、以前運営していた青少年コミュニティセンターをめぐってロス・セタスに脅しを受けたにもかかわらず、活動を継続しているのだ。

私たちがモンテレイの空港に降り立ったのは、もう日が暮れた頃だった。土砂降りの雨のなか、タクシーに乗り込み、予約されている旧市街のホテルへ向かう。暗闇の激しい雨で、視界が悪く、街の様子はよくわからない。

小やみになり、タクシーが目指すホテルの前に着いた。旧市街の一角に建つ、古びた小さなホテルだ。

モンテレイの中心街.

明かりに照らしだされたロビーには、地元の人間らしい男数人の姿が見える。私と篠田がタクシーを降りようとすると、助手席に座っていたカルロスが突然、こちらを振り返って、低い声で言った。

「ここは安全面に不安を感じるから、ほかの地区のホテルに変えないかい？」

予期せぬ発言に、私たちは顔を見合わせた。何がどう不安なのか。まったくわからない。が、彼はこうつぶやきを続ける。

「ベレニーセはなぜこんな所にホテルをとったのか、わからないよ。とにかくこのあたりは安全じゃない」

どうやら、モンテレイの旧市街というのは、あまり安全な地域ではないようだ。確かにホテルも普通のメキシコ人旅行者が泊まりそうな所で、安全ではないのかもしれない。しかし、初めてこの街に来た私は、どう判断してよいのかわからなかった。するとカルロスが、

「わかっているよ。それはそうだ。じゃあ、とりあ

えず今夜はもう遅いから、ここに泊まろう」と、提案する。

私は何となくほっとして、荷物を手に水浸しの足もとに気をつけながら、タクシーを降りた。

翌日は、午後、カルロスがモンテレイ大都市圏内グアダルーペ市の行政の依頼で、若者支援に関わる役人たちを対象に行なう非暴力のワークショップに同行することになっていた。そこで午前中は、独自に「人権を擁護する市民たち」(CADHAC)というNGOを訪れた。誘拐事件の犠牲者の家族を支援している団体だ。ウェブサイトには、彼らが把握しているだけでも、モンテレイを中心とするヌエボ・レオン州で二〇一〇年から一一年九月末までの間に、約六〇〇人が誘拐され行方不明になっていると書かれていた。その状況について詳しい話を聞きたいと思った。

昼間の旧市街は、カルロスが「不安を感じる」と言うほどの危険があるようには見えなかった。夜間と異なり、ホテルの周りも洋服屋や鞄屋、ミニスーパー、ファストフード店、大衆食堂など、数多くの商店が開いており、人の往来も結構ある。軍や連邦警察の姿も見かけない。私たちは周囲を警戒しながらも、少し安堵した気分で、目的地へと急いだ。

CADHACの事務所は、中心部からさほど遠くない、静かな住宅街に建つ建物のなかにあった。そこには、同NGO代表のコンスエロ・モラーレス(六三歳)が、待ち受けていた。丸顔で穏やかな感じのコンスエロは、ノートルダム修道会のシスターで、大学で社会福祉学と人権と民主主義問題を学んだ経験から、ずっと人権擁護活動に専念してきた女性だ。だからこそ、現在起きている最も深刻な人権侵害の一つである強制的失踪の問題にも取り組んでいる。

この一年半余りの同州における失踪者の数を確認すると、彼女は、

「私たちが把握しているのは約六〇〇人ですが、実際にはその何倍もの人が行方不明になっているはずです」

と、自身の見解を述べる。

「私たちは、ほんの小さなNGOにすぎません。それでも九七の失踪事件と、合わせて六〇〇人余りの失踪者を把握しているのですから、現実はさらに厳しいはずです。ただ、被害者家族は犯人の報復が怖くて、言い出せないだけなのです」

人々が怖れる「犯人」とは、麻薬カルテルだけではない。コンスエロによると、ここで起きている誘拐事件の六五パーセントは麻薬犯罪組織の犯行だが、残りは「海兵隊を含む政府軍や、地方警察、連邦警察によるもの」だという。地方警察の場合、カルテルの手先となっている警察官が、ボスの命令で人を誘拐し、カルテルに引き渡しているらしい。政府軍や連邦警察の場合は、地方警察官や一般市民を連れ去り、拷問して、無理矢理カルテルのメンバーだと認めさせて、収監する。

「その際、協力しない者は、殺すのでしょう」

と、コンスエロ。そうした遺体は、どこかに密かに埋められるか捨てられるかする。

このように、加害者が政府関係の組織だと、相手が犯罪組織の場合よりも、正義を求めるのが難しい。司法が積極的に加害者側に立つからだ。

「ヌエボ・レオン州では、二〇一一年だけでも(一〇月までに)すでに一四〇〇人以上が麻薬戦争絡みで殺されています。政府は麻薬カルテル撲滅のためだとして、州に五五〇〇人の軍と連邦警察を投入していま

すが、暴力と人権侵害は、激しくなるばかりです」

ファレスでカタリーナたちが憂えていたのと同じことが、ここでも起きている。

「ヌエボ・レオンは、長い間ずっと平和で、モンテレイ工科大学を有し、教育と技術分野で優秀な人材を生み出すことで知られる〝優等生〟的な州でした。それがいつの間にか、何人もが誘拐されて消えてしまうような恐ろしい州になってしまいました」

そう話すコンスエロの表情に、やり切れなさが漂う。誘拐、失踪の被害者は、一四歳から三五歳くらいの人が一番多いという。

子どもや夫、妻、親、親戚を探す人たちに対して、CADHACは捜索願いの出し方など、法的手続きの手助けをしている。また、被害者家族への心理カウンセリングも行なっており、特に親をなくした子どもたちの心のケアに力を入れている。毎週土曜に、同じ痛みを抱える家族同士が集まり、互いに経験や気持ちを語り合う場も提供している。

「三〇家族余りが参加しています」

コンスエロによると、多くの家族は検察庁に捜索を依頼するのと同時に、自力で調査を進め、手がかりや証拠を見つけると、それを検察に知らせている。

「検察庁の捜査資料に書かれていることの大半は、彼らではなく、被害者家族が調べたことです」

CADHACをはじめとする人権団体は、麻薬戦争の犠牲者が増える責任は、麻薬カルテルと軍や連邦警察、両方にあると考える。どちらも敵を殲滅するためには手段を選ばないうえ、司法を買収して、不処罰の甘い汁を吸っているからだ。

この日は被害者家族の集まりや子どもへの心理カウンセリングはなかったが、子どものセラピーを担当しているロドルフォ・サラサール（三二歳）が事務所に来ていたので、話を聞いた。フアレスのケースと同様に、この街でも暴力は、子どもたちの未来に暗い影を落としているのだろうか。

「そうですね。もっと違う生活環境を与えないといけないと思います。というのも私たちは、子どもたちの将来が心配だと言いながら、現実には、彼らがまっとうな大人に育つために必要な生活環境を提供していませんから」

それは麻薬戦争による暴力の蔓延だけでなく、学校教育に関しても言えることだと、訴える。

「たとえば近年、メキシコの学校では、人間科学や倫理を教える授業は減らされ、実用的なことばかりを優先する教育に偏っています。子どもや若者は、あらゆる意味で、お金が一番という価値観のなかで成長している。私たちは、くだらないものを買い集めるだけの消費者ばかりを育てているのです」

日本の現状にも通じる話だ。ロドルフォは、子どもたちが将来、復讐心や憎しみから暴力を振るう人間になるだけでなく、力を行使することで大金を稼ぐことに価値を見い出すような人間になることを心配する。それを回避するには、地域で「正しいことを行なう文化」を築くことが大切だと語る。

「自分自身の感情にそのまま従うのでなく、この気持ちは何を意味しており、それに従って行動すると、どんな結果がもたらされるのか、きちんと考えてから行動する習慣を身につけられるよう、地域の大人が子どもたちに見本を見せて、導いていかなければ。ただ、それをするにはまず、大人が子どもや若者に信頼されることが必要です。今の社会環境では、そこが一番難しい」

大人が非暴力の文化を身につけなければ、子どもたちはその負の連鎖から抜け出すことができない。メキシコの場合、そこが大問題だった。

カルロスと合流する前に昼食をとらねばと、私たちはCADHACの事務所を出て、地下鉄に乗り、ホテルまで戻った。食事を済ませ、ロビーでカルロスが来るのを待つ。

と、彼は約束の時間よりも早く現れていきなり、

「やっぱりホテルを引っ越そう」

と言い出した。あと二泊分の支払いが済んでいるのに、だ。

「さっき、ブスカグリア博士から電話が来たんだ。誰かが君たちの後をつけていると、モンテレイにいる彼の仲間から連絡があったそうだよ」

〝ブスカグリア博士〟はカルロスの知人で、世界の紛争地帯で治安アドバイザーとしても活動をしているエドガルド・ブスカグリア博士のことだ(第五章で紹介)。国際的な危機管理の専門家で、メキシコの麻薬戦争の調査活動も進めている。その彼が、なぜ私たちの行動まで知っているのか。しかも、誰かが私たちを尾行していたなんて、信じられない。何のために。

「モンテレイに来る前に、私は博士に君たちが同行する話をして、何か問題になりそうなことがあったら教えてくれるよう、頼んでおいたんだ。彼はメキシコ各地に、治安問題の調査のために協力してくれる仲間を持っている。だから、私や君たちのことも、見ていてくれたんだ」

まるでスパイ映画のような展開に、私と篠田はどう反応したらよいのか、わからなかった。尾行されていたと言われても、そんな気配はまったく感じなかったし、そうされる確かな理由も思いつかない。カル

ロスという、カルテルや警察にとって面倒な存在と一緒に来ているからなのか、それとも別の理由なのか。

「単に、君たちが何をしているのか見張っていただけだろうけれど、私としてはとにかくもっと安全なホテルに移りたいんだ。で、ちょうど二カ月後に、グアダルーペ市の市長がワークショップのために私に提供してくれることになっているホテルを、今から特別に割引料金で使わせてもらえるよう、交渉したから、そこへ行こう。これは私の都合での変更だから、君たちは心配しなくていいよ」

今ひとつピンと来なかったが、集中力を維持するためにもあまり深く考えないようにして、私たちは急いでチェックアウトし、カルロスとタクシーに乗り込んだ。とりあえずは予定通り、カルロスのワークショップの取材をすることが先だ。

役人の意識を変える

ワークショップの会場は、モンテレイ大都市圏のなかでも東に位置するグアダルーペ市（人口約七〇万人）の若者センターだった。そのなかの小劇場に二八人の受講生が集まっていた。彼らは皆、市の若者支援に関わる公務員やセンターの職員で、犯罪防止担当、少年院担当、パソコン教室担当、都市アート（グラフィティなど）教室担当、奨学金担当、社会福祉士、市民相談窓口担当など、様々な仕事に携わる男女だった。服装も背広やスーツ姿のサラリーマン風の人もいれば、シャツにジーンズとカジュアルな格好の人もいる。年齢も、三〇代から五〇代くらいまでと幅があるが、暴力に蝕まれた社会に生きる子どもや若者を対象とする仕事をしている点で、共通の課題を抱えている。どんな問題に対応する時も、暴力以外の手段を使って対応する意識と姿勢が必要である、ということだ。

劇場の客席、前方二列ほどに集まって着席した受講生に向かって、ステージ側に立つカルロスが簡単な自己紹介をしてから、こう話しかける。

「みなさんは、家庭でどんなふうに育てられましたか？　私は子どもの頃、母親に叩かれて不満な時に、こう言いました。母さんはなぜ僕を叩くの。すると母が、それは私があなたの母親だからよ、と言って、また私を叩きました。これは、子どもは自分のものだから好きにしてもいい、という考えにもとづいた行動です。親は自分の親からそう学び、自分の子にも同じように接することで、子どもに同様の価値観を植え付けている。つまり、所有という概念が人の価値よりも重要視される価値観を、次世代に受け継いでいるのです」

そうやって彼は、まずメキシコ人の多くに共通する潜在意識を、意識レベルに引き出そうと試みた。

「暴力が引き起こす悲惨な事件については、どうでしょう。みなさんは、先日麻薬絡みで殺されたスラムの家族の話と、カルテルと店主の問題に巻き込まれて犠牲になったカジノの客の話、どちらにより強い関心を持ちましたか？　マスコミでの取り上げ方と同様、おそらく、カジノの事件でしょう。それは、私たちが問題を見る際、たいていは相手の落ち度にまず注目し、物事の重大さを判断するからです。暴力を振るう側、それが自分自身だとしても、その過ちは二の次にする。そうした見方は、暴力を容認しがちです」

確かに、私たち日本人でも、ふだんのささいな問題に関して、そうした見方をしがちだ。被害者の落ち度にばかり意識が偏ると、知らず知らずのうちに、問題の根底にある暴力を容認する可能性がある。

これらの話を踏まえて、カルロスが受講生に、身のまわりに存在する対立や問題を挙げるよう、促す。

カルロスによるグアダルーペ市での非暴力ワークショップ.

――治安の悪化、家族間のコミュニケーション不足、家庭内暴力、貧困、汚職、失業……。次々に声があがる。次に全員を四、五人のグループに分けて、紙とペンを配り、紙の半分に対立点や問題を、反対側にその解決方法を考えて書くよう指示する。五分ほど時間が与えられ、受講生たちはそれぞれのグループの仲間と話し合いながら、紙に書き込んでいった。

「それでは、そろそろ発表していただきましょう」

カルロスの呼びかけに促されて、各グループの代表が、紙に書いた内容を見せながら、説明を始める。

まず最初に、四〇代の女性職員が立ち上がり、グループで話した自分自身が抱える問題を語り始めた。

「問題として挙げたのは、夫が自分と異なる意見を言う妻に暴力を振るう、ということです」

それを聞いた途端に、近くにいた中年の男性職員が、こう発言した。

「それは、妻にも落ち度があるからではないかな」

それに対して、三〇代の男性が、

「いや、むしろ夫が妻を対等な人間と見ていないことが問題なのでは?」と異論を唱える。女性が掲げる紙には、「コミュニケーション」としか解決方法が書かれていなかったため、ほかの受講生が自分なりの解決方法を出していく。

次のグループの発表者は、「貧困」を問題として挙げた。

「その解決方法としては、たとえば食料支援や就職先の斡旋、子どもへの教育支援などが考えられます」

これに対して、ほかの参加者から、「それらの支援は、組み合わせて総合的に行なわなければ、本当の効果が出ないのでは?」という意見が出た。そこへカルロスが、こう付け加える。

「そうですね。これまでの政府のやり方は、少し何かを与える、という支援ばかりで、人々の潜在能力を総合的に高めていくような社会開発の視点に欠けています。農民が、貧乏で困っている、というと、肥料はやるから儲かるものを栽培すればいい、と役人は言うので、農民はマリファナを植えるようになる。これではいつまでたっても問題の根本的な解決はできません。問題に関わる人々全員が、具体的にどんな問題に直面しているのかを自分たちで話し合い、解決するための方法を探ることが大切なのです」

カルロスは、受講生に向かって、問題や対立を解決するためには、当事者全員が参加して取り組む場を確保することが重要だと、述べた。

「通常、こうした問題を完全に解決することは、なかなか困難なものです。しかし、その深刻度を少しずつ軽くすることは可能です。そのために、全員参加で議論し、行動に移すことが重要なのです」

この日のワークショップは、そこで終了。毎回違うテーマで計八回、こうした活動が行なわれる。受講生は、問題解決の仲介役を務める能力を身につけるのが、目標だ。市は、地域で激化する暴力を前に、職員に非暴力の意識を植え付け、それにもとづいた形で市民へのサービスを企画し、実施できる人材を育てることに力を入れているという。

とはいえ、カルロスと受講生のやり取りを見る限り、それを実現するには、まだまだ時間がかかると感じた。しかも、こうした取り組みをしている自治体は少数だから、メキシコ全土を覆っている暴力の霧をぬぐい去るには、各自治体を統括する地方政府と連邦政府の意識をまず、変えなければならない。

それにしても、メキシコ社会に蔓延するマチスモの根深さは、想像以上のものだ。私は、ワークショップに参加した役人たちの言動を観察していて、つくづくそう思った。男性が、女性への身体的暴力について抱く肯定的な感覚や、ワークショップにおける議論のなかでも女性の声を軽んじる雰囲気はもとより、女性自身もそれに反発、反論する意識に欠け、それを避けようとすらしている現実。それは、カルロス自身が自らの人生体験を通して語った、「家庭で身につけた、男の暴力を容認する意識」が、決して貧困家庭だけの問題ではないことを物語っていた。

役人たちは高等教育を受けている。スラムで生まれ育ち、中学を出る機会もなかったというようなタイプではないにもかかわらず、マチスモ感覚は、貧困家庭で育った人間とさほど変わらなかった。もっと大勢の「カルロス」が、社会のあらゆる場面で、「そこに関わる全員参加で話し合って問題を解決する」という意識を育てる取り組みをしていく必要がある。そう感じずにはいられなかった。

ロス・セタスの影

ワークショップの後、私たちはカルロスが待たせていたタクシーに乗り込み、同じグアダルーペ市内にあるスラムへ移動した。スラムといっても、かなり前にできた住宅街で、今は極貧家庭というよりも、中の下くらいの労働者階級が暮らしている地域だと、カルロスが教えてくれる。ロス・セタスによって、カルロスたちが運営していた青少年コミュニティセンターが閉鎖に追い込まれた場所でもある。

「今はもうセンターはないんだが、そこに通っていたメンバーとは毎月、公園や誰かの家に集まってもらって、会っている。彼らが行なう事業について、アドバイスをしたり、話し合いをしたりしているんだ。使い勝手のいいスペースはなくなってしまったけれど、少年たちが自主的に、ピエロの演技やジャグリング、一輪車などのサーカス芸を学ぶ教室や、サッカー教室を続けているんでね」

タクシー運転手に道順を指示しながら、似たような造りで簡素なコンクリート建ての家々が続く住宅街を進んでいく。と、滑り台などの遊具が並び、真ん中に「キオスコ」と呼ばれるあずまやのある公園が見えてきた。「あそこで止めてくれるかな」と、カルロスが運転手に告げる。

広く整備の行き届いた、こぎれいな公園。だがそのわりに、人影がない。まだ夕方五時前で、日本に比べると日が長いメキシコではまだまだ明るいのに、遊んでいる子どももいない。

カルロスは携帯電話で、少年たちに自分の到着を知らせる。数分後、五、六人の少年が集まってきた。

「やあ、元気だったかい?」

カルロスは、一人ひとりと握手をしながら声をかける。皆、頷きながら、彼と一言二言交わすと、私たちにも手を差しのべた。

あいさつが終わると、カルロスの提案で公園のあずまやに移動し、計画中のサーカス教室について、全員で話し合いをした。

「まず、誰がどんな技術を教えることができるか、まとめてみよう」

カルロスがそう言うと、少年たちが自分のできることを挙げていく。一人がそれをノートに記録する。次に、今挙げられた芸に必要な道具をリストアップする。まず、ジャグリング用のピンは予算に合わせ、「三〇本は購入し、残りは自分たちでつくろう」ということに。一輪車は、一台五〇〇ペソ(約三三〇〇円)程度だろうということで、「二台までなら購入可能だ」と、カルロスが言う。そのほか救急箱や膝やひじ、手首に付けるサポーター、ヘルメットなどの値段と数も計算する。それらを購入する担当も決めた。

サッカー教室についても、用具の準備や担当者など、同じことが話し合われた。少年たちは思いのほか、積極的だ。カルロスと一緒に計画している活動に、意欲と期待を持っていることが伝わってくる。

一連の話し合いが終わったところでカルロスが、私にインタビューのチャンスを与えてくれた。何でも自由に聞いていいし、答えるほうも好きなことだけ答えればいいと、少年たちに告げる。そこへ、後から現れた少年たちの母親も数人、加わった。

私は、この地区での麻薬カルテルの存在について尋ねてみることにした。カルロスから事前に聞いた話では、ここではゴルフォ・カルテルとロス・セタスが縄張り争いを展開しており、最近は特にロス・セタスが勢力拡大に力を入れて、若者たちを強引に組織へ引き込もうとしているらしい。そうしたカルテルの動きによって、何か被害を受けていないか、知りたい。

私の問いかけを受け、数人が仲間の一人に向かって、「おまえの体験、話してみれば？」と言った。それに応える形で、一五歳の少年がおもむろに、

「四カ月ほど前に、怖い目にあったよ」

と、話し始める。

「午後の二時半頃だった。サッカーの練習から帰る途中、黒い車が脇を通り過ぎたと思ったら、急に停まって、なかから出てきた男たちが無理矢理、僕を車に乗せたんだ。ロス・セタスの連中だった。彼らは僕に、〝おまえ、以前はパンディージャのメンバーだっただろ？　だったら俺たちの仲間にならないか？〟と言った。僕は恐る恐る、持っていた聖書を見せて、〝今は信仰のほうが大切なんだ〟と答えた。そうしたら、解放されたんだ。たまたま聖書を持っていたおかげで、助かった。危うく誘拐されるところだった」

少年の顔には、カルテルの車を降りた瞬間を思い出したかのような、ほっとした表情が浮かんでいた。信仰心が深いことは、カルテルのメンバーにとっても、何か大切なことのようだ。犯罪に関わる人間たちは、潜在的に罪の意識を抱いており、誰よりも神の赦しを求めているということか。

一人が口火を切ったことで、安心したのか次々と証言が始まった。

「去年の八月、僕の家の近くで夜明け前に、銃撃戦があった。隣人に麻薬の密売人がいて、その男が自宅から引きずり出され、路上で殺されたんだ」

別の少年(一五歳)がそう言う。となりにいた少年(一四歳)は、

「僕の従兄は工場で働いているんだけど、仕事帰りにロス・セタスのメンバーに呼び止められ、マフィアにぴったりの風貌だから仲間になれ、と言われたそうだよ。幸い、断っても何もされなかったけど」

と、眉を上げる。

「僕の従姉なんか、本当に可哀想だった。一八歳なんだけど、今年の頭に誘拐されて、家族は身代金を

スラムにある公園でカルロスと話す少年たち.

支払ったのに、後で焼死体で発見された。レイプもされたみたいだった」

彼(一七歳)の従姉の家族はその後、行き先も告げずに引っ越したという。話を聞いていた彼の母親が、

「今年に入ってからの一〇カ月あまりで、すでに七人、隣人が誘拐されたわ。そして、そうした目にあった家族は一様に、この地域から姿を消したの」

と言い添え、不安をあらわにした。

「みかじめ料を要求されて、逃れるために引っ越した人もいるわ」

「僕の母さんと祖母なんか、五月の母の日に買い物をしに近くのショッピングセンターに行っていて、あやうく死ぬところだった。人混みに手榴弾が投げ込まれたんだ。その混乱の最中に、大勢が持ち物や車を盗まれた。きっと、ロス・セタスの連中だ」

一人の少年がそう言うと、別の一人も、ロス・セタスを非難する。

「あいつらは、関係のない市民にも危害を加える。ゴ

ルフォ（カルテル）はそういうことはしない」

同じ麻薬カルテルでも、市民が抱くイメージは異なる。そういえば、ファレス取材で案内役を務めてくれたエクトルも、こんなことを話していた。「僕の近所にも、昔からカルテルにつながっている麻薬密売人がいて、隣人は彼が何者であるかを知っていた。でも、その男は気前が良く、いつも近所の子どもたちにお菓子や何かを与えたり、困った人がいたら助けにもなっていた。だから皆、彼のことが好きだった」と。

政府軍の特殊部隊出身者が指揮をとるロス・セタスは、この地域の少年や親たち、すべての人にとっての脅威だった。彼らに取り込まれた子どもたちは、すぐに凶悪犯罪者に仕立て上げられた。

「友だちが五人、あいつらの仲間になった。車強盗や誘拐を働き、警察に捕まって、今少年院にいる」

そうやって罪を犯しても、未成年が受ける罰は軽い。

「この状況を変えるためには、どうしたらいいと思う？」

私は、カルロスが役人相手に実施した非暴力のワークショップを思い出し、そう聞いてみた。終わりの見えない悪夢のなかで、それでも独自の活動を組織し環境を変えようと努力している少年たちは、目の前の暴力に対して、どんな対処方法を考えているのか。

一四歳の少年が、冗談混じりに、

「悪者を皆殺しにする？」

と言うと、となりの一五歳が、

「でもゴキブリを一匹殺せば、一〇〇匹出てくるぜ」

と笑う。

「そんなことをするより、僕たちがサッカーやいろんな教室を広めて、皆がそれに参加すればいい」

そんなやりとりをそばで聞いていた一人の母親が、こう話を続けた。

「青少年コミュニティセンターに通っていて、その後、高校に進学した子たちは、全員、今でも学生としてまじめに歩んでいます。つまり、状況を変えることは可能だということです」

その話を受けて、三年前にカルロスと出会ってから、本当に変わったんです。私に訴えかけるように、こう述べた。

「僕たちは、三年前にカルロスと出会ってから、本当に変わったんです。僕も以前はワルで、棒を振りまわしてはケンカばかりしていました。でも、カルロスのおかげで、パンディージャに入って通りでブラブラしているよりも、仲間と生産的なことをするほうが、よっぽど意味があると考えられるようになったんです」

彼の証言は、私たちに小さな希望をくれた。が、その一方で、彼自身も認める、どうしようもなく厳しい現実もあった。

「今の暴力は、僕がワルだった頃とはレベルが違う。酷すぎる。無実の子どもまで誘拐し、犯罪者に仕立て上げ、殺す。悪人が増えすぎました」

ヘススは苦しそうに、言葉を絞り出した。彼の従弟二人は、強制的にカルテルに入れられ犯罪を行なったために、少年院に入れられて、その内部で敵(ゴルフォ・カルテル)のメンバーに拷問を受けたという。

「三年前まで、この公園では夕方、家族連れが涼みながら食事をしたりしていたのが、ウソのようだ」

少年や母親の言葉に耳を傾けていたカルロスが、薄暗くなってきた公園を見渡し、そうつぶやいた。

夜七時すぎ、カルロスと私たちは、新しいホテルにたどり着いた。グアダルーペ市にある、四つ星のホテル。最初に泊まった宿と比べると、圧倒的にリッチな雰囲気だ。グアダルーペ市は職員のためにワークショップを請け負ったカルロスに、こんなにいい宿を提供するのか、と驚いた。しかもカルロスは今回、私たちの余分にかかる部屋代を自分が払ってでも引っ越すと言い張った。初めて会った時に、命を狙われているという緊張感から激太りした、と話したカルロスが、安全面にいかに神経質になっているかが、よくわかる。

チェックインを済ませ、カードキーを受け取った私たち三人は、エレベーターに乗り込み、部屋のある上階へと向かう。エレベーターは、部外者が勝手に客室階へ行けないよう、各自がカードキーを差し込まないと動かず、また指定階にしか止まらない仕組みになっている。

そういうシステムのエレベーターに初めて乗った私が思わず、感嘆の声をあげると、カルロスが満足そうに微笑んだ。

「どうだい、こっちのほうがずっと安心だろ?」

「戦争避難民」を支える

翌日、私たちはインタビューのアポイントをとっていた女性に会いに行った。アリシア・レアル(五一歳)。一五年ほど前、この街で女性のための「避難所」を最初に開いた人物で、カルロスの知人だ。

麻薬戦争においても、それに巻き込まれた男たちの連れ合いや娘、母親など、女性たちの身の安全が、問題となっていた。家族全体を保護できる公的施設がないなか、この状況に誰がどう対応しているのか、聞きたかった。

待ち合わせに指定されたカフェテリアに着き、タクシーを降りる。しばらくすると、小柄で上品な雰囲気の白人女性が、自家用車で現れた。

「ごめんなさい。ちょっと遅刻ね」

私たちを見つけるなり、そう微笑みかける。

アリシアは、二〇一〇年いっぱいで自身が立ち上げた避難所を運営するＮＧＯを離れ、今は別の仕事をしている。が、避難所を始めた経緯を含め、ぜひ話を聞きたいという私の要望に、快く応えてくれた。

「麻薬戦争における子どもや女性の問題を取材していると聞いて、会って話をしなきゃ、と思ったの」

彼女は席に着くなり、そう切り出した。誠実そうな、また見かけ以上に芯の強い人のようだ。

「そもそもは、家庭内で暴力や虐待を受けている、あるいは人身売買の犠牲になっている少女や女性たちのために、避難所が必要だと思ったの。危険から逃げてきても、安心して暮らせる場所を持たないから」

一九歳で結婚し、主婦をしていたアリシアは、離婚を機に大学で心理学を学び始め、同級生と二人で「女性に対する暴力」についての卒業論文を書いた。そして、研究中に気づいた「女性のための避難所の欠如」という問題を解消すべく、自らＮＧＯを創る。

「共同で卒論を書いた仲間と、立ち上げたのよ」

そのＮＧＯが、現在も麻薬戦争のせいで命の危険にさらされている女性や子どもたちを保護している

「アルテルナティーバ・パシフィカ」(平和な選択肢)だ。

「最初の頃は、観光地として知られるカンクンやベラクルスの性産業に売り飛ばされ、薬物漬けにされて働かされていた少女たちを保護する仕事が多かったの。でも、麻薬戦争が激しくなるにつれて、その暴力に身の危険を感じる女性や子ども、いわば戦争避難民の受け入れの必要性が高まっていった」

ところが、メキシコにはこうした避難民を保護、支援する施設も法的枠組みもない。

「だから私たちは、国内で安全な場所が見つからない時は、保護した人たちを最終的に、どこか外国へ逃すしかないんです」

どこの地方、どこの国へ送り出すかは、連携する国内と国外の人権NGOや外務省、外国大使館、インターポール(国際刑事警察機構)にも相談し、協力を得たうえで決めるという。

アルテルナティーバ・パシフィカは、モンテレイ大都市圏に二つの避難所と相談者の窓口となる事務所を運営している。避難所に暮らす人たちと相談に乗ってもらっている人たち、合わせておよそ五〇〇〇人が、彼らの支援を受けているという。

「州政府や連邦政府の支援は、一時的にしかありませんでした。今はゼロです。検察庁には、人身売買専門の部署が一応あるはずなんですが、腐敗しているので何もしてくれません。その分、私たちががんばらなければならないわけですが、いい仕事をすればするほど、敵が増えるというのが現実ですね」

そう苦笑するアリシアが、一〇カ月ほど前にNGO代表の座を退き、別のフェアトレード・プロジェクトに関わっているのは、その「敵」をかわすためのようだ。

「現実に、私たちが運営する避難所の一つの所長は、州警察に誘拐され、余計な活動をするなと、銃で脅されたんです。電話やメールによる脅迫は日常茶飯事ですしね」

しゃれた装いの中流層の人々で賑わう小綺麗なカフェテリアでの会話の内容は、場違いなほどの緊張感に満ちていた。話をするアリシアの声は、心なしか低く抑えられている。時折、私たちのテーブルのそばをウエイトレスが通ると、その声がさらに低くなる。どこに監視の目や暗殺者の姿があるか、わからないからかもしれない。

三杯目のコーヒーが注がれようとしたところで、私たちは、アリシアと連れ立ってカフェテリアを出た。この後は、CADHACのコンスエロに教えられた政府機関に行き、その足でアルテルナティーバ・パシフィカの事務所へ行って、アリシアに代わって同NGOの代表となった女性に会う。

アリシアの車で地下鉄の駅まで送ってもらい、街なかにある政府機関「犯罪被害者指導・保護・支援センター」(COPAVIDE)を目指す。検察庁に属するこの機関こそが、本来、コンスエロやアリシアたちが扱っている問題すべてに対応する任務を負っている。その活動を知るべく、訪ねてみることにした。

建物を入って最初にある待合室では、大勢の市民が順番を待っていた。ここには、社会福祉、心理、法的支援の三つの部署がある。家庭内での虐待問題から、誘拐殺人といった犯罪まで、支援対象である犯罪被害者が抱える問題は、様々だ。

人権NGOからの紹介のおかげか、受付に目的を伝えると、いきなりセンター長のデスクへと案内された。電話での取材申し込みに、快くゴーサインをくれた女性だ。役人らしいスーツ姿だが、率直で、話のわかりそうな人だった。

「コンスエロたちとは、いつも連携しているんですよ」

と、親しみを持って話しかけてくる。

そこでまず、COPAVIDEの仕組みを説明してもらう。

「社会福祉部では、子どもたちに関わる教育省、家庭全体への支援に関係するDIF、検察庁、州立女性機関、貧困層支援のための社会開発省と連携して、相談者の状況に合わせた支援を模索しています。心理部では、一三名の心理カウンセラーが必要な人に週に一度、個別もしくはグループでのカウンセリングを提供しています。法的支援部は、まさに被害者が司法を通して犯人を起訴するために必要な手続きを支援します。どの部署も、NGOと協力しています」

ここのサービスはすべて無料で、被害を訴えたい人など、何か相談のある人が来て、登録手続きをするのだという。待合室にいる人たちは、どうやらその登録手続きに来た人たちのようだ。

センター長の話が終わったところで、私は「ここを訪れた、麻薬戦争の被害者である未成年者の人数」が知りたい、ということと、「実際にカウンセリングをしている様子」など、可能な限り現場が見たい、と伝えてみた。すると、センター長は、「データはあるかどうか探してみますから、その間にセンター内を見学してきてください」と、心理カウンセラーを一人、案内人として付けてくれた。取材に協力的な感触だ。

期待してフロアをまわる。しかし、ほとんど被支援者である市民の姿が見当たらない。どうしたことか。

「今日は残念ながら、今の時間帯、カウンセリングの予定が入っていません」

申し訳なさそうに、カウンセラーが言う。案内されるカウンセリングルームは立派で、小さな子どもが遊べる部屋もあり、設備的には申し分ない。なのに使っている人がいないのは、残念だ。一三人いるカウンセラーは大体、どのくらいの人数を担当しているのだろう。この質問に答えるべく、案内人が自分のパソコンに保存されている面会リストを開いて、現状を確かめる。

「私の場合、今のところはこんな感じですね」

と、見せてくれたリストには、数えるほどしか名前がなかった。

フロアをひとまわりし終えた私たちは、センター長のもとへ行き、お礼を述べて、まだ見つからないという「ここを訪れた、麻薬戦争の未成年被害者数」がもしわかったら、メールで送ってほしいと頼んだ。彼女は快く、自分のメールアドレスを教えて、「忘れるといけないので、そちらからも催促してください」と微笑む。私は、「承知しました」と答えて、その場を離れたが、その後、催促してもデータは届かなかった。

アルテルナティーバ・パシフィカの事務所は、モンテレイ新市街の外れに立つごくありふれたオフィスビルのなかにあった。コンパクトな一フロアに、スタッフのための部屋が、いくつか設けられている。その一つで、アリシアの後を継いだ代表のアレハンドラ・ベラが待ち受けていた。

「ようこそ！」

三〇代だろうか。落ち着きのある声にも、若々しいエネルギーが溢れている。午前中、アリシアに会っていたと伝えると、

「そうなの！　私は二〇〇六年から、ここでボランティアをしていて、その活動に惹かれたの。だから

今年から代表を引き受けたのよ」

やる気満々のアレハンドラに、COPAVIDEに寄った話をすると、待ってましたとばかりに、言う。

「検察庁は、自分が対応すべき被害者を、次々とここへ送ってくるの。犯罪の裏にいる組織が怖いのよ」

裏にいる組織、というのは、麻薬カルテルとその犯罪の片棒を担ぐ警察、軍、司法関係者らのことだ。COPAVIDEは検察庁の機関だから、余計に神経質になるのだろう。

そんなわけで、ここには主に三つのルートで被害者が来るという。一つはCOPAVIDEからの紹介、もう一つはDIFからの紹介、それに加えて「ラジオでのアナウンスを聞いて」だ。

「アリシアも話したと思うけど、かつては家庭内暴力の被害者女性が、支援対象の中心だったの。それが現在は、社会的暴力や制度的暴力の被害者になった。つまり、犯罪組織の被害者や警察や軍、司法関係者に脅されている人が多いのよ」

特に深刻なのは、司法関係者の一部が麻薬カルテルに買収されていることだと、彼女は考えている。犯罪が隠蔽されてもみ消されては、被害者が法的な勝利を収めることは、まずないからだ。だから被害者のほとんどは、被害を訴えることがない。そんなことをすれば、逆に自分まで命が危うくなると知っているからだ。麻薬戦争絡みの犯罪被害者に残された道は、犯罪者の手を逃れ、姿を隠して、ひっそりと生きることしかない。それすらも、アレハンドラたちのようなNGOの助けが得られないと、難しい。

そうした被害者の女性で、アレハンドラたちの支援を求めてくる者には、様々な人間がいる。

「カルテルの殺し屋の妻、麻薬の密売人の妻、警察官の妻、公安の女性警察官など、二〇〇六年以来、少しずつ相談者が増えているわ。最初は年に一、二件しかなかったのに、二〇一〇年に入ってからは、一カ月に一〇件、二〇件来ることもある。最近では、失業率が上がったせいか、女性自身が麻薬の密売人になったり、カルテルのメンバーになったりして、トラブルに巻き込まれ、逃げてくることもあるの」

そんな女性たちをかくまう活動はまさに、爆弾を抱えた人間と一緒に逃走しているようなものだ。

「私たちが運営する避難所には、現時点で計二二人の女性がいるけれど、そのうちの一〇人は、カルテル絡みの人たちよ」

アレハンドラが肩をすくめる。危険と隣り合わせの仕事だが、ほかに助けになる公的機関がない以上、放ってはおけない。

「特に、各州の政府は頼りにならないから」

避難所には、モンテレイが属するヌエボ・レオン州の人間だけでなく、ファレスがあるチワワ州からも保護要請があるという。確かにファレスでは、独自の避難所を持ち、被害者保護活動をするＮＧＯや公的機関の話は耳にしなかった。

アレハンドラは、「カルテル絡み」の避難女性の一人について、こう語った。

「彼女には、子どもが四人いるんだけど、夫はカルテルのメンバーなの。殺し屋よ。それで敵に狙われていて、彼女はそんな危険な生活から逃れたくて、かくまってほしいと、子どもたちを連れてここへ来たの」

警察官の妻にせよ、カルテル関係者の妻にせよ、夫が敵をつくれば即、自分や子どもたちにも危険が及ぶ。常にびくびくしながら暮らすことに疲れ果てた女性たちは、アレハンドラたちのもとへ駆け込む。

「彼女は子どもとともに避難所で暮らしているけれど、そこでは子どもたちにもカウンセリングを受けてもらっているの。普通の生活へ移行するために、不可欠だから。彼女の一三歳の息子は、カウンセラーとの最初の対話の際、こう言ったそうよ。〝パパのような殺し屋になりたい〟」

ファレスの子どもたちとまったく同じ状況が、モンテレイや麻薬戦争が激化している地域の子どもたちを襲っていた。

カルテルから逃げる少年

あらかじめ、インタビューの後には実際に避難所を訪ねてみたいと申し出てあった。ただ、それが可能かどうかは、直前にならないとわからないと言われていた。避難所は、誰にも気づかれない、秘密の場所でなければならないからだ。訪問者を受け入れるには、そこに暮らす人たちの同意も必要であるし、スタッフの安全も確保されなければならない。

「一カ月ほど前から妹とともに避難所暮らしをしている一六歳の少年が、会ってもいいと言っているわ」

アレハンドラは、私たちの幸運を祝福するかのような笑みを浮かべた。

「彼は、母親と関係のあるカルテルの仕事をしていたんだけれど、ひょんなことから母親が敵のカルテルに誘拐されてしまい、彼と妹の命にも危険が及ぶと心配した父親が、ここへ連れて来たの」

少年は、殺し屋や密売人ではないが、カルテルの人間を乗せる車の運転手をしていたという。父親は妻と別れて別居中だったが、子どもたちの危機を知り、救いの手を差し伸べた。

「ぜひ、その少年と話をさせてください」

私は気を引き締めて、そう告げた。

事務所を出て、下の駐車スペースに停めてあったアレハンドラの車に乗り込む。「現場までどのくらいかかりますか」と尋ねる私に、彼女が、
「本当は近いのだけれど、安全のためにちょっと遠回りするので、二、三〇分はかかると思うわ」
要するに、誰かにあとをつけられてもごまかせるように、そして訪問者（私と篠田）自身がどこへ行ったのかを覚えられないように、右折左折を必要以上に繰り返して進むのだ。私たちの場合は、モンテレイの地理などてんでわからないため、それほど心配はされていないようだったが、以前カルロスが同じように避難所訪問を依頼した時は、もっと警戒が厳重で、「移動中は車の窓が覆われていて、何も見えなかった」と話していた。それだけ危険なミッションを、彼らは担っているのだ。

そうやって行き着いた先は、住宅街にある大きな屋敷のような建物だった。門を入ると、建物の前にはおそらくカルロスが乗ったものと同じであろう、窓が覆われたバンが停まっていた。車を降りてなかへ入る。と、そこにスタッフが待ち構えており、さっそく大きな会議室のような所へ案内された。さすがに「避難所」では、施設見学とは行かない。とにかく問題の少年に会うのみだ。

会議机のような大きな四角いテーブルを前に待っていると、カウンセラーに付き添われ、彼が現れた。背丈も体格もごく普通の、どこにでもいそうな一六歳だ。殺し屋としてニュースで取り沙汰された「エル・ポンチス」のような暗い影も感じられないし、変に落ち着いた様子もない。いかにも、自分が置かれた立場や状況を持て余している感じがする。

スタッフに紹介されて、私たちと握手をする。「ここに座ってくれる？」と、となりの椅子を勧めると、

素直に応じてくれる。篠田は、彼の顔や居場所がわからないよう、背後からか手もとだけの撮影を促される。

私はまず、母親がカルテルと関係していたことがもとで今のような状況に至った経緯を、彼なりの言葉で語ってほしいと、少年に依頼した。いろいろな不安に怯えているであろうから、話したいこと、話せることを、そのまま表現してもらうほうがいいだろう。

少年は、ここでのカウンセリングにおいて、すでに何度か過去を振り返って話をしてきたのだろう。迷わず最初に、母親がどうしてカルテルに関わるようになったのかを、詳しく語り始めた。

「母さんの友人に、レオノラという女性がいたんだ。彼女はもともと連邦警察官だったんだけど、その裏でゴルフォ・カルテルの仕事をしていた。そして今年(二〇一一年)の五月に、うちへ訪ねてきて、母さんにカルテル関係の仕事をしないかと誘ったんだ」

それは、カルテルが盗んだ車や武器などを隠しておく家を借りるために、名義貸しをする話だった。

「レオノラは、人当たりのいい人で、直接犯罪に関わるわけじゃないし自分もただ名義を貸すだけでいい報酬を得ているから、あなたも家族のためにやったら? と、気軽に誘ってきた。それで母さんは、こんなヤバいことになるなんて思いもせず、話に乗ったんだ。僕だって、彼女はいい人だと思ってしまった」

その結果、彼の母親と祖母は名義貸しをして、少年自身もレオノラの紹介で、カルテルのための運転手を始めた。本来、まだ免許は取れない年齢だが、メキシコでは、特に麻薬カルテルが仕切っている地域では、そんなことは関係ない。ちょっと練習して乗りこなせさえすれば問題なし、というわけだ。

「すごくいい車を与えられて、僕は有頂天になってた。連中に呼ばれたら、ただ迎えに行って、言われた所まで送り届ければいい。それだけでリッチな車が運転できるし、いい小遣いももらえる。だからやってたんだ。でも、あとからだんだん恐ろしくなってきた。そして母さんに言った。こんなことを続けていると、殺されるか、刑務所行きになるかもしれないって」

そんな折、レオノラが、組織を裏切るような行為を働いたのを機に、本当に災いが降りかかる。現役警察官であるレオノラの妹が、姉からゴルフォ・カルテルの情報を得て、それを警察の一部に流していたことが発覚したのだ。さらに悪いことには、その警察官らは、ロス・セタスとつながっていた。

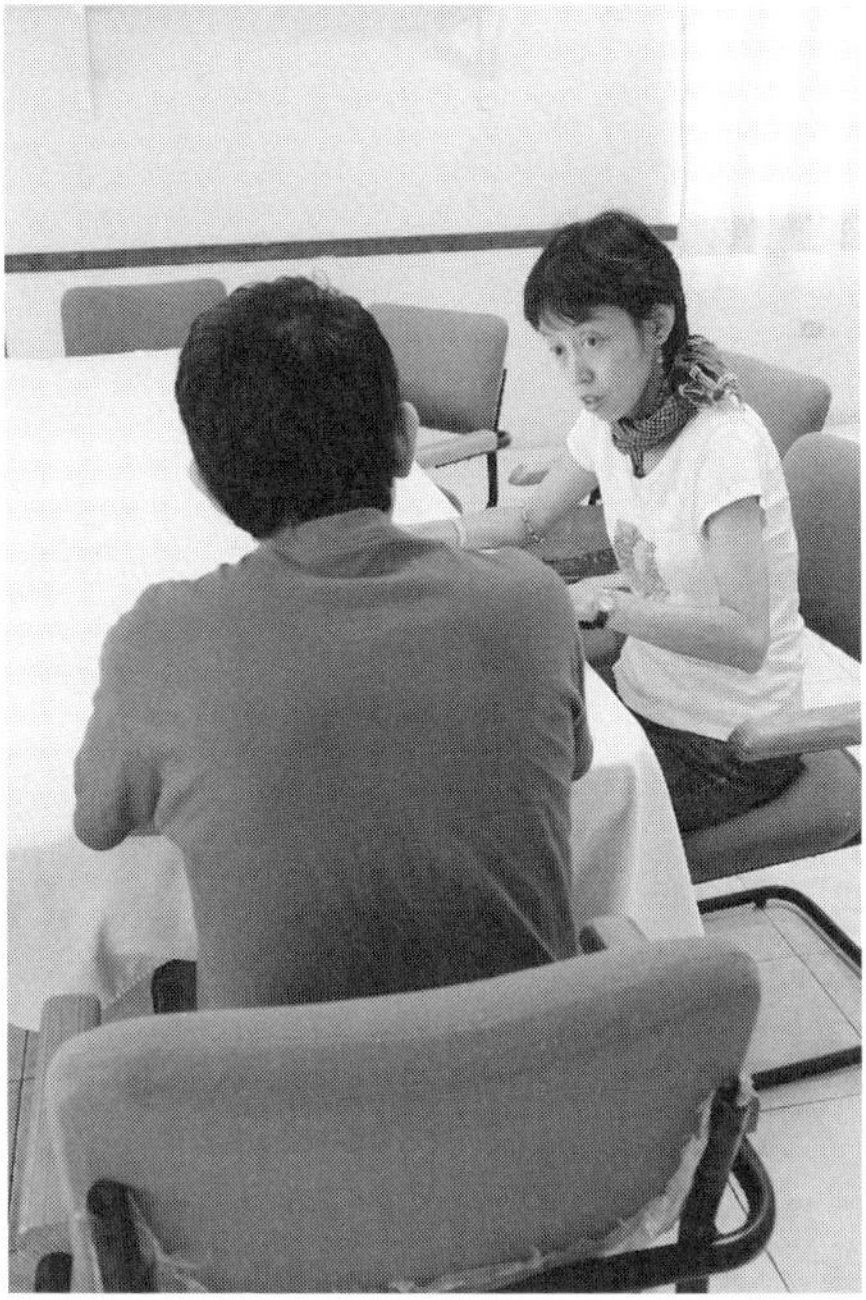

避難所にいる少年に話を聞く著者(右).

「レオノラに関係していた僕たちも、とばっちりを食うことになった。僕たちは、カルテルの連中の何人かの顔を知っていたから、もしゴルフォ・カルテルの仕事をしていたことがロス・セタスにバレれば、捕まる可能性があった。そして案の定、母さんはロス・セタスに誘拐されてしまった。今どこにいるのか、まったくわからない……」

少年は心細そうに、そう話すと、一瞬、沈黙した。

彼らを決定的に追い込んだのは、少年が車でカルテルの連中を送り届けていた先、武器庫となっている家で偶然出会った一五歳の少年が、警察に捕まって、仲間について自白したことだった。

「僕は、歳の近い彼といろいろ話をしてしまった。彼は、ゴルフォの連中に誘拐されて、彼らのために働けば命は助けてやると言われ、殺し屋になったと言った。ロス・セタスのやつらを何人も殺した、と話してた。で、警察に捕まった時、知っている人間のことや隠れ家のことを、全部しゃべってしまったんだ。それで僕たちも追われることになってしまった」

私たちと会う、ほんの一カ月ほど前に連れ去られた母親はおそらく、もうこの世にはいないだろう。そこにいる誰もが、そう感じていた。だが少なくとも、この少年と妹の命だけは守らなければ。アレハンドラたちはそう決意を固めている。いや、命を守るだけではない。まっとうな将来を保証しなければ。

「僕と同じような体験をしている同世代が何人いるのかわからないけど、どんな形であれ、カルテルに関わるのは間違っている。今は心底そう思う。悪いことだし、いつも張り詰めた生活を強いられることになる。こんなことに頭を突っ込むんじゃなかった。母さんのことは、最悪だ……」

少年は、かすかに首をうなだれた。が、こう続ける。

「でもカルテルに関わったのに、今まだ生きているということは、ラッキーだよ」

厳しい運命を何とか前向きに捉えようとする少年を前に、カウンセラーが、

「これまでの暮らしのすべてを捨てなければならないのは、辛いことです」

と、慰めるように言った。本来ならば、中学校に通っていたという少年は現在、身を隠すために休学して

いる。彼の妹も同様だ。二人は、アレハンドラたちが米国へ移住するためのビザを取得するのを待っている。向こうには親戚が住んでいるので、そこで新たな人生を築き直すのだ。

米国へ行けたら将来はどうしたいのか尋ねると、まっすぐにこちらを見て、こう答えた。

「僕は大学で法律を学びたいと思う。妹は、幼稚園の先生になりたいって。そう思うことで、きっとこれまでのことを忘れようとしているんだ」

このインタビューから約一カ月、私はメールでアレハンドラに、少年と妹の近況を尋ねてみた。すると、彼女からはこんな返事が戻ってきた。

「残念ながら、米国のビザは得られなかったの。でも、父親が彼らを引き取る決意をしたので、家族全員でユカタン半島(メキシコ東岸のメキシコ湾とカリブ海の間に突き出た半島)のほうで安全に生活できるようにしたわ」

知り合いのいない土地で、残された家族が団結してやり直すことになったようだ。

カルテルは、勢力拡大の抗争を続けるなかで、刻一刻と、縄張りを移したり拡大したりしている。麻薬戦争の続く国内に残ることになった少年たちの人生が、二度とカルテルと交差しないことを心から祈りたい。

日本人も危機管理

この頃、在メキシコ日本大使館のウェブサイトには、危機管理に関する二つのセミナーの案内が掲載されていた。一つはちょうど私たちがモンテレイに着いた六日前に、まさにそのモンテレイ大都市圏内の都市で開催された。もう一つの開催場所は、メキシコシティだ。

そのメキシコシティでいつも世話になっている友人が、彼女が勤める日本企業のモンテレイ支店の知人を紹介してくれたので、現地で夕食をともにすることにした。モンテレイは、メキシコでも有数の工業都市で、日系企業も自動車部品関係を中心に数多く進出しており、この頃でも約四〇社あった。メキシコ一危険といわれるようになった街で、日本企業に勤める人々は、どんな思いで暮らしているのだろう。

「まさか今みたいなことになるなんて、私がいた頃は想像もしてなかったわ」

メキシコシティにいる友人も、前はモンテレイ勤務だったので、その状況の急変に驚きを隠せない様子だった。首都よりものどかで、ステーキが美味しく、「向こうにいた頃は、肉ばっかり食べてて太ったのよ」と笑った街は一転して、住みにくい環境になってしまったのだろうか。

「そうですね。以前は米国にも近いし安全で、仕事でメキシコへ来る日本人にも人気があったんですよ。でも今は、家族を日本において、単身赴任で来る人が増えています。去年までは、レイノーサ(米国境の町)まで買い物に行ったりしていましたが、今は自粛しています」

ホテル近くのレストランまで足を運んでくれた彼(三七歳)は、この街で働く日本人の生活の変化を、そう語った。麻薬戦争が激しくなるにつれ、不自由さは増していったようだ。犯罪被害にあったことはないが、危険な空気を感じたことはあると話す。

「今年一度、車で走っていたら、目出し帽を被った人間に停車を命じられ、停まって窓を開けると、日本人ならもういいから行け、と言われました」

その経験で肝が据わったのか、思いのほか、落ち着いた口調だ。

「先日は、マンションの上から下を見ていると、人が撃たれました。また、仕事で付き合っている運送業者は、最近、米国境へ向かうルートは走りたくないと言うんです。カルテルやその手下の警察が、お金を取っているからです。先日も、レイノーサの手前で地方警察に停められ、五〇〇〇ペソ要求されたそうです。〝次にここを通る時は、この暗号を言え。そうしたら支払済だとわかるから〟と、教えられたとか」

そう苦笑する。

彼が買い物に行くショッピングモールの駐車場には、車両強盗をする麻薬カルテルの下部組織から市民を守るため、という口実で、政府軍が配置されているという。

「カルデロン(前大統領)が麻薬戦争を始めてから、組織の資金繰りがうまくまわらなくなったから、カルテルはビジネスの範囲を拡げ、一般市民まで襲うようになったのではないかと思います」

車両強盗や恐喝といった資金稼ぎの犯罪が増えている理由を、彼はそう分析していた。

そんな現実を前に、日本大使館は「危機管理セミナー」を通して何を教えたのか。

「昨年からこれまでに、計三回のセミナーがありました。基本的には連邦警察の人が、どこでどんな犯罪が多いのかといった統計的な話をしたり、麻薬犯罪組織について説明をしたりします。ただ、今回(数日前)のセミナーでは、初めて、実際に襲われた時にはどうするべきか、脅迫電話にはどう応じるべきかといったことを、危機管理コンサルタントが説明しました」

つまり、大使館もここへきて、危機感をより募らせているということだろう。

とはいえ、話をする彼自身は覚悟を決めて仕事にいそしんでいることが、穏やかな話しぶりから窺えた。

つまるところ、身近にマフィアがいる日常がすでに存在している以上、それを受け入れて、細心の注意を払うしかない。

この街で働く日本人は、だいたい同じ地域に住んでおり、そこは比較的安全だといわれている。自宅と職場、出張で使う空港くらいにだけ、行動範囲を絞っていれば、危険はある程度、回避できる。私たちがいるホテル付近、つまりこのレストランのある地域へ来るのは久々だとも話してくれた。

「一番印象に残っているのは、去年の三月頃に空港へ行く際、何度か目撃した光景です。マフィアの連中がトラックを並べて通りを封鎖し、車が通れないようにしていたんです。その先へ警察が行けないようにしていたとか、マフィアの親分を乗せた護送車の行く手を阻もうとしていたとか、だったと思います」

アクション映画のような光景が、そこでは日常化していた。

二人の勇敢な女性たち

二〇一一年六月、ユーチューブのある映像が、日本を含む世界中で話題となった。その映像は、一人の女性のこんな言葉とともに始まる。

「みんな、床に這いつくばって。かわいいみんな、心配しなくていいから、とにかくお顔を床にくっつけてみて。そうよ、心配ないわ」

白いタイルの床に這いつくばり、不安げに何か問いかける幼い子どもたちの姿が、斜めに傾いた画面に映し出される。窓ガラスに貼られた絵や小さな机と椅子から、それが幼稚園の教室だということが想像できる。子どもの問いに優しく、しかしはっきりと答えながら、指示を飛ばす女性の声が、床に伏せてこちらを見る子どもたちに向けられている。幼稚園の先生のようだ。

「大丈夫だから、とにかく頭を上げないようにしてね」

彼女がそう念を押す。と、その声に続いて、バラバラバラッと勢いよく連続的に銃声が響く。と同時に、カメラは床に置かれたのか、そこに落ちているおもちゃの花のようなものを映し出したまま、先生の声と銃声だけを拾い続ける。

「大丈夫だから。ぴったり床に張り付いて。お願い、頭を上げないで」

銃声が繰り返され、映像が揺れる。そこで突然、先生は子どもたちにこう提案をする。

「歌をうたいましょうか！」

子どもたちは、恐怖心を抱えながらも、低い声で「はーい」と答える。

「じゃあ、うたいましょう。何をうたうかというと……そう、あの歌がいいわ」

そして先生が、こううたい始めた。

「もしも雨粒がチョコレートだったら、その雨が降っている所へ行きたいなー」

続けて、子どもたちに聞く。

「チョコレート欲しい人！」

「私！」、「僕！」

皆が叫ぶ。

「さあ口を開けて、味わいましょうー」

歌詞に合わせて、子どもたちが今度はくるりと仰向けになり、口を開け、「アッア、ア、アッア」とうたい出す――。

この映像は、モンテレイ郊外のスラムにある幼稚園の一教室で、スマートフォンで撮影されたものだ。撮影者は、歌をうたっている先生、マルタ・イベッテ・リベラ・アラニス(三四歳)。その映像が、知人の手でサイトにアップされ、子どもたちの恐怖心を緩和するためにとった彼女の行動が、人々の賞賛の的となり、世界中に広まった。それを見たヌエボ・レオン州知事は、その勇気と熱意を讃えて、彼女を表彰した。

ビデオが撮影された時、幼稚園の外では、武装した男たちの銃撃により、五人が死亡した。カルテル間の抗争と考えられる。子どもたちが聞いた銃声は、その時のものだ。それは幼稚園からほんの一ブロックほどの所で起きた。その通りの塀には、弾痕が残っている。

モンテレイでの取材最終日、私たちは午前中、地元テレビ局に動画の主の電話番号を教えてもらい、マルタ本人にコンタクトをとって、幼稚園までタクシーを飛ばした。郊外の山のふもとに広がるスラムの道を、運転手は、「この地域はヤバい連中が多いから、近づきたくないんですよね」と渋りながらも、幼稚園の入口まで送り届けてくれた。が、取材が終わるまで待っていてくれないかという私たちの頼みを断わり、さっさと退散していった。このスラムで帰りのタクシーを見つけるのは至難の業と思われたが、仕方がない。取材が終わってから考えることにしよう。

金網に囲まれた比較的広い敷地には、平屋の教室が並んでいた。私たちは、入口のすぐ右手にある職員室らしい建物へ行って、マルタのことを尋ねた。すぐに取材だとわかったらしく、先生の一人が、「教室

幼稚園の中庭でアクティビティをする年長組の子どもたちとマルタ.

に案内しましょう」と、快く応じてくれる。ユーチューブの映像の騒ぎで、マスコミ慣れしたようだ。

マルタは、年長組を対象に中庭で、数日後に控えていた「民族の日」、いわゆる「コロンブス・デー」(コロンブスがアメリカ大陸にたどり着いた一四九二年一〇月一二日を記念した日)について、子どもたちに話をしている最中だった。コロンブスの航海を支援したスペインのイサベル女王、コロンブスが乗船していたサンタ・マリア号と、そのほか二つの船の絵を掲げて、尋ねる。

「この女王様の名前は?」

「イサベル!」

「じゃあこの船はどこから来たの?」

「スペイン!」

元気のいい声が飛ぶ。あの動画に映し出された、怯えた子どもたちとは別人だ。マルタは、その元気をうまく引き出して、最後にコロンブスの「船団の歌」をうたわせる。

「みんな、知ってますか?」

「はーい！」

子どもたちが大きな声で歌をうたい終えたところで、授業は終了。ずっと見学していた私たちのほうへ、マルタが歩み寄ってきた。

「こんにちは」

そろって庭の隅に行き、そこでしばし話をすることにした。

そもそも、あの緊迫した場面でなぜ、彼女は動画を撮ろうと思ったのか。そして、それがどうしてユーチューブにアップされたのか。それが最初の疑問だ。

「実は、このヌエボ・レオン州の幼稚園には、三つのS、というマニュアルが配られていて、そのなかに、健康的(Saludable)、持続可能(Sostenible)、安全(Segura)という取り組み重点事項が挙げられています。私は昨年度、この幼稚園で安全の担当として、状況に応じた対応についての具体例の提案と実践を推進していたんです。それであの時、ふと撮影を思いついたんです」

真剣な面持ちで、マルタがそう説明してくれる。メキシコの幼稚園や学校は九月始まりなので、動画が撮影された五月には、彼女はまだ「安全担当」だった。麻薬戦争のせいで、生活空間における銃撃戦が珍しくなくなった地域において、子どもたちを守るためには、いざという時にどういう行動を取るか、日頃から考え知っておくことが重要だと、彼女は考えた。だから、先生たちの間で検討してきたことを実践して撮影し、先生仲間に流したのだ。

「それがなぜ、誰でも観られるサイトにアップされたのかは、私にもわかりません。仲間の誰かが流したのでしょう。でも、みなさんが参考になる行動だとほめてくださったことは、誇りに思っています」

事件当日、マルタと子どもたちは、午後一時半から「今朝は何をしたか」という話をしていたところだった。それからおよそ二〇分後、銃撃戦が始まった。

「撃ち合いが収まるとすぐに、何人かの親が、子どもの無事を確認しに来ました。その後で、カルテルの人間が五人殺されたのだと知りました。数日後には、ここの子どもたちの一人の叔父が、ショッピングモールで殺されました。以来、一〇人ほどが、この幼稚園に来なくなりました」

子どもの安全を考えて、通園をやめさせる親もいるということだ。一年前にファアレスで見たのと同じ状況が、ここでも広がっている。先生たちは、そんな所で働くことが、怖くないのだろうか。

「私はもう一三年間、幼稚園で教えています。実はこの地区に住んでいるのではないので、一年ちょっと前から、毎日通いで働きに来ているんです。でも、事件があったからといって、やめる気はありません。同僚に恵まれていますし、別の所でだって、同じような経験をしている先生はいますから」

心から仕事が好きだという様子で、マルタはそう断言した。でも、家族は心配ではないのだろうか。

「私には、八歳の息子と三歳の娘がいるのですが、二人ともあの動画を観て、お母さんは偉い！とほめてくれました。心配はしていますが、やめてほしいとは思っていません」

子どもたちの目にも、銃声が響くなかで歌をうたう母親は、頼もしく映ったのだろう。一緒にうたった子どもたちに、その後のトラウマなどはないかと尋ねると、

「幸い、ネガティブな感情を強く抱くことなく、切り抜けたようです。あの後も、同じ歌をうたいたいと言いますから」

という答えが返ってきた。

どんなに治安が悪い所だとしても、大半の子どもたちにとって、そこは自分の生まれた場所、人生の最初の日々を過ごしてきた地域だ。そんな場所にネガティブな印象や不安ばかりを抱くことは、最も不幸なことだと、マルタ先生は考える。

子どもたちの心と命、両方を守ることが、麻薬戦争下に生きる大人たちには、求められている。それに取り組む一人が、彼女だ。

午後には再びカルロスと、グアダルーペの市役所へ市長に会いに行くため、タクシーでホテルへ戻らなければと話す私たちに、マルタは「丘の下のショッピングモールまで行けば、タクシーがいますから」と言い、自家用車で送ってくれた。

タクシーに乗り込んだ私たちは、カルロスが待つホテルへと走る。その途中、あるカジノの前を通った。この年の八月、ロス・セタスのメンバーが、武装して押し入り、略奪と破壊行為を働いた末に、火を放ち、妊婦一人を含む五二人を死亡させた事件が起きた場所だ。ゴルフォ・カルテルとつながっている同カジノのオーナーが、自分たちにみかじめ料を払わないことに憤ったことによる犯行だった。事件は、火事の際の避難経路を確保していない数々のカジノの、営業許可取り消しにもつながった。さらには、カジノに関係していた前市長ら、政治家の汚職追及にも。

カジノの前で、篠田がひとしきり写真を撮り、タクシーにもどると、運転手は大きな川沿いにのびる広い道路をまっすぐに走り始めた。と、急にこんな雑談をする。

「三カ月くらい前、このあたりを通った時は驚いたよ。まだ朝の一一時すぎだったんだが、あそこの河

ロス・セタスに襲撃され，火事で多くの死者を出したカジノ．

原をショートパンツを履いた少女が、機関銃を持って走っていたんだ。映画のようだろ？」

あきれたように笑う。

「そして数人の男たちとの撃ち合いが始まった。驚いたよ。それにこの間なんか、夜、自宅前に椅子を出して涼んでいたら、襲われそうになった。とんでもないことだ。でも、私たちはまだ恵まれているほうだよ。少なくとも、ちゃんと働けてるからね」

要するに、失業して犯罪組織に入り、銃撃戦や強盗事件の被害者・加害者になるよりはマシだ、と言いたいのだ。そして、こんなコメントもする。

「ＰＲＩの時代はまだよかった。ＰＡＮ（国民行動党）の政権になってから、何もかもがメチャクチャだ」

五〇代くらいに見える運転手は、ＰＲＩ時代を懐かしむかのように、もうひと言、

「今じゃ、仕事のないヤツは皆、カルテルの世話になっている」

と、付け加えた。

ホテルにたどり着いた私たちは、さっそくカルロスとタクシーを拾い直して、グアダルーペ市役所へと急ぐ。若い女性市長が私たちを待ってくれている。

道中、グアダルーペ市の若者センターでのワークショップに参加していた中年男性職員の話が出た。女性職員が「夫は、意見が合わないとすぐに妻を殴るのが問題」だと発言した際に、それは妻にも落ち度があるのではないかと言い出した人物だ。

「昨日のワークショップでは、少年犯罪の防止の話をしていたんだが、彼は〝カルテルの若者なぞ、皆殺しにしてしまうのが一番だ〟なんて言い始めたんだよ。そして、とうとうワークショップの途中で席を立ち、出て行ってしまった」

立ち会った時の様子からして、いかにもマチスモに染まっている感じだった男の、予想通りの態度に、呆れるやら、がっかりするやら。「なんだかそんな気がしていたんですよね」としか、反応のしようがなかった。カルロスが続ける。

「で、その後、彼の態度について、話し合ったんだ。はじめ、あんなヤツは最初からたたき出せばよかったんだ、と言う人もいたが、最後には皆、そんなことをしてはあの男とたいして変わらない、ということを理解した。能動的暴力か、受動的暴力かだけの差だからね。そして、彼のマチスモ見え見えの発言に泣き出したこともあった女性職員が、言ったんだ。出て行ってしまう前に、あの人のことを抱擁してあげればよかった、と」

あの、夫の暴力に悩んでいた女性職員のことだ。

このワークショップを修了した人たちは、希望すれば、現在の部署を離れて、「紛争仲介者」という役職に就くことができるという。青少年が抱える暴力絡みの問題をうまく解決するための仲介役をする仕事だ。

「今日、尋ねたら、ワークショップ参加者二八人中、一二人が、それになりたいと言っていたよ」

後部座席の私たちを振り返るカルロスの目が、輝いていた。

そうこうするうちに、タクシーは、商店が建ち並ぶグアダルーペ市の中心街に差しかかった。比較的賑やかな通りを進むと、急に視界が開けて、公園のような広場とまだ新しそうな市役所の建物が目に入った。広場の横で車を降りて、三人そろって役所に入る。受付でカルロスが名乗ると、すぐにスーツ姿の案内役の男性が現れ、私たちを二階の市長室へと案内した。

社長室のような立派な机と椅子が置かれた部屋で迎えてくれたのは、まだ三三歳という若い女性市長、イボン・アルバレスだ。

もともと地元テレビ局でスターにインタビューをする番組の司会者として知られていたイボンは、その知名度を生かしてPRIから市長選に出馬し、昨年一〇月に市長に就任した。任期はあと一年だ。テレビの仕事と市長就任の間にも、市議会議員、DIFのグアダルーペ支局長を務めた経験を持つ。父親は、役人として一一年間、政治家をサポートしていた。その姿が、彼女に政界入りを促したという。

「私は法学部出身なんですが、一五歳の時からPRIの党員として、政治に関わってきました。だから、これは天職だと思っています」

元テレビ司会者らしく、派手でスマートな容姿で、はっきりとした物言いをするイボンは、いかにも市長職にやり甲斐を感じている様子だった。そんな彼女に会うことにしたのは、カルロスの活動を支持し、彼のワークショップを市の若者センターの職員研修に取り入れているうえ、カルロス曰く、「イボンはゼロ・トレランスで、徹底的にロス・セタスと戦っている」そうだからだ。

ゼロ・トレランス。つまり、暴力と犯罪の許容範囲はゼロ、容赦しないということだ。彼女が市長に就任してから、グアダルーペ市では警察官を総入れ替えし、汚職警官は刑務所送りにしたという。市警察署長には元軍人を採用し、市内に軍の兵士を三〇〇人配置した。

「治安対策の先頭に立つ大佐は、四六時中、カルテルの脅迫を受けており、今年初めには市警察署の前に、脅しで生首が置かれたこともありました。しかし、一方で、車の盗難や強盗被害は減少しており、私の政策の成果は確実に出ています」

イボンは自信たっぷりだ。女性市長による問答無用の治安対策は、市民の支持を得ているという。私が、

「軍が町中にいることに、不安を感じる人もいると聞きますが」

と、話をふると、すかさず、

「いいえ、それは間違いです。軍人がいることで、町の治安は良い方向へと変わったと断言できます」

と、言い切る。

「それに、私たちはただ犯罪者を武力で追い詰めているだけではありません。犯罪を未然に防ぐための対策にも、力を入れています」

たしかに、カルロスのワークショップを実施していることなどは、ほかの市町村ではなかなか見られない取り組みで、犯罪や暴力の予防策として評価できる。それだけでなく、彼女は貧困層の小学生から大学

生までの子どもと若者に、奨学金の支給を始めた。就職支援やパソコン研修、アートとスポーツの推進もする。家族の憩いの場を取り戻すために、町中に複数、きれいな広場もつくった。そして、カルロスと共同で、対立や問題を解決するための「紛争仲介者」が常駐し、暴力沙汰や裁判沙汰になる前に話し合いで問題に対処する「仲介センター」の設置も、計画中だ。

「私はこの大変な時期に市長になれたことを、とても誇りに感じています。住み慣れた私の町のために、働けることが楽しいんです」

ヌエボ・レオン州のなかでも、モンテレイ市に次ぐ人口を持つグアダルーペ市の政治を担う女性市長は、どこまでも強気で前向き、エネルギーに満ちていた。ゼロ・トレランス作戦には、過剰な武力行使や人権侵害につながる懸念を抱くが、汚職政治家の多いメキシコ、とりわけPRIの政治家のなかでは、比較的まじめで市民派の政治家だといえよう。カルロスがこの会見の後で口にしていたように、彼女は「実行力があり、本気で麻薬マフィア、特にロス・セタスからコミュニティを取り戻そうとしている」ということだけは、確かなようだった。

カウセ・シウダダーノの挑戦

日本へ帰る前に、カルロスたちが運営するカウセの青少年コミュニティセンターを訪れてみたい。そう考えた私は、モンテレイからメキシコシティに戻った翌日、メキシコシティ中心街の少し北にある、近年犯罪が多いことで知られるスラムの一角に建つセンターへと出かけた。それはもともとカルロスの母方の祖母の持ち家だったが、彼の要望でセンターのために譲渡され、団体を立ち上げた元ギャングとセンターの活動に加わった若者たちで、改修した。

地下鉄の最寄り駅から、西へ歩く。どこか殺風景で、単調な白い壁面が続いている。と、突然、壁にメキシコ先住民の絵文字やマスクが描かれた建物が現れた。番地を見ると、そこがカウセだ。呼び鈴を鳴らすと、ドアが開いている入口から、やせ形でメガネをした気の良さそうな若者が一人、出てきた。

「カルロスの紹介で、施設見学に来たんですが」

と、声をかけると、紫色の鉄格子の門を開けながら、

「ようこそ、私たちのコミュニティセンターへ。僕はウリエルです」

と、微笑みかける。元ギャングがつくった団体、ということで、カルロスのように迫力のあるスタッフが出てくるかと思えば、ウリエル青年はむしろ、ひょろっとした若者で少し拍子抜けしたが、スタッフ全員が元ギャングではないのだから、当たり前か。

納得しつつ、導かれるがままに建物のなかに入ると、そこは元民家とは思えないくらい広々としたレセプションだった。右手の部屋にはスタッフルームがあり、正面は廊下でそれに沿って両側に、幾つかの部屋とトイレがある。正面左手の部屋にはパソコンが並び、小・中学生が数人いるようだ。

「まず、施設を案内しましょう」

と、ウリエルが自分についてくるよう、促す。

最初に入口から一番近い部屋にいるスタッフたちにあいさつをする。このセンターをベースに活動するカウセのスタッフは、計一七人だという。そのほか、ファシリテーターと呼ばれる補助スタッフが二三人いる。

「ここでは料理教室をしています。僕が先生です」

そう言いながら、ウリエルが台所に入る。毎週一回、男女一五人ほどの子どもたちが、彼に調理を習っているという。メキシコで根強い、男子厨房に入らず、を打ち破る試みでもある。

廊下沿いの部屋は事務や会議用で、つきあたりには小さな中庭があり、巨大な象の壁画がある。

「ここでは、サーカス教室をやっています」

そこからレセプションへ戻って、パソコンのある部屋へ。

「ここはセンターの活動に参加するメンバーなら、誰でもパソコンを使って宿題の下調べや、少しの間ならゲームで遊んだりもできる部屋です。常にスタッフが一人、利用を管理しています」

パソコンルームを出て、くの字型の階段を二階へ上がると、左手のオフィスに、モンテレイ行きの航空券とホテルを手配してくれたベレニーセがいた。右手には、様々なワークショップに使える広い部屋とインターネットラジオ局がある。狭いがきちんと半円形のテーブルにマイクが並ぶスタジオと、パソコンを使って放送をする技術担当のスタッフが陣取るコントロールルームが設けられている。

「ラジオは、八人でやっています。今、インターネットテレビを始める準備をしているところなので、ビデオカメラなんかもあるんです」

と、ウリエルが説明を加える。ラジオやテレビの番組、ビデオ制作を学べるメディア教室は、毎週火曜、水曜、木曜の午後にあり、五人の若者が参加しているそうだ。

そのとなりの部屋には、印刷機のような機械が並んでいる。

「ここは、シルクスクリーン印刷教室の工房で、Ｔシャツなどにオリジナルのプリントを印刷する技術を学べます。これは、ただ技術を身につけるためだけでなく、小さな商売を始めるための支援でもあります。センター活動のメンバーなら、無地のTシャツを持ってくれば、工房を使って自由にプリントをすることができるからです。この活動には隔週で、三〇人くらいの参加者がいます」

廊下の一番奥の部屋が、録音スタジオ。普通の部屋の壁を自分たちで防音素材で覆った、手作り感たっぷりのもので、とにかく狭い。が、ちゃんとした録音機材がそろっているため、実用性はバッチリだ。

「ここでは定期的に三カ月間の録音技術教室を開いています。また、スタジオ自体は、自分でCDを制作したいという若者たちに、限りなく無料に近い値段で貸し出しています。ラップ好きの若者たちが、ここで自分の曲を録音して販売したりするんです」

説明を続けるウリエルは、ラッパーとは無縁なようだが、カウセには、ラップ教室もある。スラムの若者には人気の自己表現手段だ。教えているのは、カルロスと同世代の元ギャングで、その弟子たちが、手作りスタジオでCDの録音をしていた。

「あなたは料理教室だけが、担当?」

と尋ねると、ウリエルが待ってましたとばかりに、中学校でのプロジェクトを語り始めた。

「実は四年前より教育省の助成を得て、公立中学校で男女平等について教えるワークショップを展開しているんです。僕はそのチームのコーディネーターもしています」

メキシコにおける暴力の源にある問題の一つ、伝統的なマチスモと取り組もうということらしい。私はこれに大いに興味を抱いた。カルロス自身が告白したように、この社会においては、性差別の因習や感覚を、幼い頃から意識的に間違いだと自覚して変えていかなければ、小さな暴力が振るわれ続け、それが積み重なって、大きな暴力を生み出し、そのまま容認され続けることになる。変化は、子どもの間から起こしていかなければ、根付かない。その課題に、カウセは立ち向かおうとしているのだ。

私はウリエルに、そのワークショップをぜひ見学してみたいと告げた。今回はもう帰国までに時間がないが、次回のメキシコ取材時なら可能だ。すると、彼は変わらぬ笑顔でこう言った。

「もちろん、学校の許可さえ取れれば、可能です。来年、お待ちしています」

非暴力ワークショップ

翌二〇一二年の九月、ウリエルは私の希望通り、カウセのチームが公立中学校で行なっているワークショップの見学機会をつくってくれた。場所はメキシコシティの隣町、ネツァワルコヨトル市の中学校だ。

ネツァワルコヨトルは、一九五〇年代以降、不法占拠によって建ち始めた粗末な家々が、人口増加とともに巨大なスラムを形成し、かつては首都の一部だったのに、とうとうとなりのメキシコ州の一都市として独立したという歴史を持つ。初期に建てられた家々は、その後、経済成長とともにより良質な家に建て替えられ、後からできた家ほど粗末という、不法占拠でできたスラム独特の風景をつくっている。そんな地域にある学校が、ワークショップの舞台だ。

このネツァワルコヨトルは、私にとって思い出深い場所でもある。そこが二〇歳で留学生として初めてメキシコを訪れた際に、「最初に訪れたスラム」だからだ。卒業論文の研究テーマを、「メキシコシティの都市大衆運動」としていた私は、スペイン語で読んでいた文献を通して、ネツァワルコヨトルのことを知り、メキシコに行ったらぜひ訪ねてみたいと思っていた。農村から首都に仕事と豊かさを求めてきた人々が、お金がないゆえに、空き地に勝手に小屋を建て、住み着いていく。そんなスラム形成の過程と、そこに暮らす人々の現実を知ることができると考えたからだ。留学してから数週間経ったある日、地名と本に掲載されていた写真だけを頼りに、一人、地下鉄と市バスを乗り継いで、そこを目指した。その時に偶然知り合った小さな雑貨店を経営する一家が、私にとって初の、メキシコの貧困地域に暮らす友人となった。

一家の長は、ハビエルという親切で優しくおしゃべり好きな楽しい男性で、妻や娘に手を上げるようなマチスタ(マチスモ、男性至上主義を体現する人間)ではなかった。しかし、その地域の男たちの間では、むしろマチスタのほうが当たり前で、子どもや女性は何かにつけ、殴られるのが常だった。それは、後に知り合った別のスラムの家庭でも、同様だった。時は流れたとはいえ、貧困層を中心に、マチスモは、現代においても家族の問題の中心にあり、そのせいで、学校や社会においても、差別や暴力が繰り返されていた。それを変えるために、カウセは子どもたちの考え方を変えていこうと試みているのだ。

ある木曜の朝、私と篠田は、学校に近い地下鉄駅で待ち合わせて、ウリエルと乗り合いバスに乗り込み、現場を目指した。それは、ネツァワルコヨトル市内とはいっても、比較的メキシコシティ寄りの、「治安状況がマシな地区」にある中学校だった。周囲の住宅も造りがしっかりしている。上級のスラムだ。

「ここなら、あなたたちを連れていっても、まず安全に問題はないと思ったので」

と、ウリエルが、同じ週に行くことになっていた数校のなかで、取材先をここにした理由を説明する。

それはごくありふれた公立中学校で、塀に囲まれた敷地内に、バスケットコートが一面とれるくらいの大きさの校庭と、鉄筋コンクリート二階建ての校舎があった。清潔で、荒れた感じはない。今日は、ここの三年生二クラスと二年生二クラスで、ワークショップを実施する。

各クラスは、五日間連続でワークショップに参加している。全体のテーマは、ずばり、「男女平等と相互尊重こそが、道」だ。毎日、小テーマが掲げられ、最終日に全体のテーマへとまとめられる仕組みで、カウセからは、男女四人のファシリテーター（ワークショップの進行役）が来ている。全員、二〇代だ。彼らは、カウセの青少年コミュニティセンターで五日間、一回五時間のペースで、ワークショップのやり方についての訓練を受けている。そのスキルを活かして、中学生に教えるわけだ。

ウリエルは、まず校長のいる部屋へ行き、私たちを紹介した。女性の校長で、このワークショップを一年前から取り入れている、と話す。

「最初は子どもたちから、何のためにやるの？という質問も多く出ました。でも今は皆、その意義を理解しています。そして、（マチスモに慣れてしまっている）大人に言われることに従うだけでなく、自分で考えて行動できるようになってきたと思います。それに、子どもたちの変化が、地域の大人にも良い影響を及ぼしています。本当の力、というものは、自分のやりたいことに一生懸命に取り組む能力であって、暴力を振るうことではないということが、しだいにわかってきたようです」

そう誇らしげに言う。

あいさつの後、最初に案内されたのは、三年生の教室だった。校長はそこで、「ではまた後ほど」と言って、立ち去った。ウリエルが後を引き継ぎ、教室のなかへと私たちを導く。

「僕たちのワークショップは、同じ時間帯に二クラスで実施されています。それぞれに二人のファシリテーターがいて、進行しているんです」

このクラスでは、男性のファシリテーターが司会をし、女性がサポート役を担っている。今日のテーマは、「医者の診察」。「農民のロペス氏が医者に会いに行った際の会話」をネタに、子どもたちが議論をする企画だ。

まずはファシリテーターが、ロペス氏の物語を読む。ロペス氏は、自分は働き者なのに妻は怠け者で困る、と医者に話す。しかし、実際には妻は家事と畑仕事の両方でよく働く女性で、ロペス氏のほうがむしろ怠け者だ。仮病を使っては、仕事をさぼって医者と長話をしている。

生徒たちがこの話を理解したところで、議論が始まる。

「みんなは、月曜日からの三日間、すでに様々な場面での男女の役割について考えてきました。それを踏まえてロペス氏の話を聞いた時、どう感じたかな?」

ファシリテーターが問いかけると、数人の生徒が手を挙げた。

「妻のほうがよく働いているのに、ロペスさんは自分は何もしないで、口ばかり達者な怠け者だと思います。彼は、妻の働きをもっときちんと評価するべきです」

と、男子生徒。女子生徒は、

「ロペスさんは、もっと妻に協力すべきです。女性がすべての家事をやらなければならないという考え方を変えるべきだと思います」

と、訴える。

「そうだね。そこには、様々な仕事に対する評価の仕方の問題が隠れている。たとえば、店の経営とか大工とか左官とか、いわゆる生産的な仕事、お金につながる仕事は一般に評価されて、家事や病人の介護といった仕事は、あまり評価されない。ふだん大人が示す価値観や判断基準によって、そう思い込まされているような気がしないかい？　つまり大人はよく、仕事に同じように取り組んでいても、やっている仕事のタイプだけでそれを仕事として高く評価したり、しなかったりするわけだ」

ファシリテーターがそうまとめてみせる。と、一人の女子生徒が手を挙げ、

「男性は、自分が家事をやったことがないから、その大変さをわからず、それを仕事として正当に評価しないいんじゃないでしょうか」

と、言った。皆がざわざわ、頷いたり、ニヤリとしたりする。

ファシリテーターは次に、この問題の解決方法を考えるよう、促した——。

同じ時間帯に、二年生のクラスでもワークショップが進行している。私たちはその一つへと移動した。

このクラスのテーマは、先ほどとは異なり、「暴力から解放されるために」だ。教室の前に貼られた「非暴力について学ぶ双六」ゲームを、五つのチームの対抗戦でプレイしている。サイコロを振って、自分のチームのコマが止まったところに書かれた質問に、チーム全員で答え、正解すると前進し、間違えると後退する。

あるチームが止まった枠の質問は、「暴力とは何か？」だった。

「他人を支配するために、相手より大きな力を行使すること」

という答えが出る。ファシリテーターが、ほかの子どもたちの納得顔を見て、「正解！」とコマを進める。

次のチームに対する質問は、「男女が良い関係を築くために必要な要素を三つ挙げよ」。

チームがごそごそと話し合い、女子が一人立ち上がって、言う。

「信頼、相手を尊重する心、あと……愛情かしら？」

チームの仲間たちが、うんうんと頷く。こちらのコマも前進する。子どもたちは、これまで三回のワークショップで学んだことを生かして、順調に答えを出していく——。

同学年のとなりのクラスでは、「暴力のサイクル」というテーマで、どのようにして暴力が生まれていくかを、復習していた。ファシリテーターが子どもたちに、創造的な思考回路を使い、周囲への共感を持って考えることが大切だ、と伝えたうえで、最初の質問をする。

「暴力が生まれる最初のきっかけは？」

子どもたちは口々に、

「相手との間にあるストレス」

「緊張感が高まること」

と答える。

「じゃあ、そこから出てくる最も典型的な暴力の形は何だろう？」

「言葉の暴力」

「気持ちを傷つける、心理的暴力」

「身体的暴力」

手を挙げる間もなく、答えが並ぶ。

「じゃあ、どうしてそうした暴力をふるおうと思うんだろう？」

これには、

「相手を傷つけてやりたいと考えてしまっているから」

非暴力ワークショップの後，ファシリテーター(奥左手の２人)と雑談する生徒たち．

「反射的にやってしまう、一種の自己防衛本能でもあると思う」

それなら、とファシリテーターが、

「どうしたら、そうした暴力はなくせるだろう？」

と問いかける。すると、また大勢の手が挙がった。

「互いに尊重しあえばいい」

「皆で協力しあうことを大切にする」

「問題を抱えている人は、きちんとカウンセリングを受けて、自分の問題を吐き出し、解決する」

「寛容さを持つようにする」

「他人の声に振り回されず、自分に自信を持つことで、暴力が必要なくなる」

「何でもまず話し合いで解決するようにする」

どの子も自信ありげに、はっきりと主張を述べる。そんな様子を見ていて、ファシリテーターが、まとめにこんなことを尋ねた。

「じゃあ皆は、今言ったこと、今週学んできたことを、実際に日常生活でどう生かしているのかな？　何か具体的な例を挙げられる人はいる？」

果たしてどんな反応が返ってくるか。興味津々で待っていると、三人の生徒の手が挙がった。

まずは男子生徒だ。

「妹とあまりケンカしなくなりました。前は、意見が食い違うとすぐつかみ合いになっていたけど、今はまず話し合うようにしています」

と、背筋を伸ばして言う。女子生徒は、その少年に同意を示しながら、

「私も従妹とケンカになりそうな時、まず話をするようになりました」

と発表して、座る。すると、今度は別の男子生徒が、

「僕はこの間、友だちがもめている時、話し合うよう勧めることができました」

と、満足げに言った。

子どもたちの発表に、ファシリテーターは「学んだことが、よく身についているね」と褒め言葉をかけ、明日が最後のワークショップであることを告げて、授業を終了した。生徒の何人かが、前にいる男女二人の若いファシリテーターのもとへ歩み寄り、何やら楽しげに雑談を始める。

その姿を横目に、私たちと並んでワークショップを見守っていた教師が話しかけてきた。彼は本来、この時間帯の授業を受け持っているが、今週はワークショップに譲った。

「このワークショップはとてもいいと思っています。この学校では、校内暴力やいじめの問題は基本的にありませんが、予防は大切です。薬物の問題にしても、表向きはないことになっていますが、ゼロとは言い切れません。この午前の部では、落第もあまりありませんが、午後の部ではかなり問題となっている

んです」
つまり、この地域には暴力をふるうようになったり、巻き込まれたりしそうな環境がある、と言いたいのだ。子ども自身が、あるいは彼らの家庭自体が問題を抱えていなくとも、隣人や居住地域自体に問題があれば火の粉は降りかかる。そうした社会環境を変えるには時間がかかるが、その第一歩としても、また目の前の問題に正しく対応するためにも、個々の人間が暴力をどう回避するかを知ることと、それを意識的に実行することは、子どもたちの将来に大きな意味を持つ。それを校長をはじめとする教員が自覚している学校は、カウセが提供する機会を有効に活用しているのだ。

同時進行のワークショップのすべてを見ることはできなかったが、このささやかな試みが、じわりじわりと子どもたちに染み込んでいき、未来のメキシコ人が麻薬戦争の歴史を、「信じられない」と驚愕しながら振り返る日が来るかもしれない。

学校を離れる前に、カウセから派遣されてきたファシリテーターの若者たち四人に、なぜこのワークショップを広める役割を担おうと思ったのか、聞いてみた。

一番年下の二人のうち、心理学を学ぶ大学生のメル(二三歳)は、こう言った。

「私は大学でも子どもと暴力について研究しているので、暴力に巻き込まれる危険性の高い子たちを対象にしたフィールドワークをしてみたかったんです。実際にワークショップをやっていると、子どもたちの間に変化が見えて、とても励みになります。小さな種まきにすぎませんが、続けることが大切だと感じます」

同年齢のファビオラは、メルのコメントを受けて話す。

「特に、思春期の子どもたちの間に、非暴力の考え方を広めることは、重要だと思います」

彼女は教育学を専攻している。同じ学部のハスミン(二八歳)は、今だからこそ意義が深いと強調する。

「暴力が一般化している風潮を変えるためには、不可欠です」

この日唯一の男性ファシリテーターで、グラフィックデザイナーを目指すロドリゴ(二六歳)が、「まさに挑戦です」と、自分たちの活動の重要性とユニークさを熱弁した。

「僕も子どもの頃、パンディージャに入っていたんです。まわりがギャングばかりで、近所の子たちとうまくやっていくには、ほかの選択肢がないように思えたからです。仲間とは今でも付き合いがありますが、最近は仲間といる時でも、正しいふるまいができるようになりました。カウセでこのワークショップに出会ったおかげです。子どもの頃にこんなワークショップに参加できたらよかったのに、と思います」

ほんのささいなことに思える努力でも、明るい材料の見えないメキシコの子どもたちの将来に、希望の光をもたらすことはある。若者たちの言葉は、それを証明している気がした。

刑務所で得た悟り

カウセは、この取材から二年ほどのち、ネツァワルコヨトルがあるメキシコ州の刑務所でも非暴力のワークショップを始める。服役中の若者たちが出所した際に、異なる人生を歩めるよう、サポートするためだ。あくまでも自主参加で、希望する者だけが関わるのだが、その恩恵を受けて現在、カウセで働く若者に出会った。ウイリアム・カストロ(二四歳)だ。

メキシコの伝説的な喜劇俳優、カンティンフラスに似た愛嬌のあるチョビヒゲ顔のウイリアムは、実は米国育ち。三、四歳の頃に家族で移住してから二〇一〇年に強制送還されるまで、カリフォルニア州ロサンゼルスですごした。カウセの青少年コミュニティセンターの中庭でインタビューに応じてくれた彼は、足を引きずるような歩き方も、腰で履くジーンズに野球帽を後ろ向きにかぶったスタイルも、いかにもL.A.のストリートギャング風で、話し方にも英語訛りがあり、移民の若者っぽさがにじみ出ている。

「当時は皆、より豊かな暮らしを求めて、ロサンゼルスへ行ったんだ。僕の両親も、国境の町に住んでいて、買い物のために米国とメキシコを行き来できるビザを持っていた時に入国して、そのまま住み着いた。オヤジは畑で働く、まじめな男だった。普通の移民家族だったのさ」

そう語り始めた彼の人生は、最初は問題がないように見えた。

「メキシコ人移民の多い町に住んでいたから、幼稚園や学校も楽しかった。英語の授業は大変だったけど、休憩時間はいつもジャングルジムで遊んでいて、友だちもたくさんいた」

メキシコからともに移住した三つ上の兄と五つ上の姉も、地域にうまく馴染んでいた。そして米国で、さらに二人の弟ができる。順風満帆に見えた人生が狂い始めたのは、彼が中学生になった頃からだった。母親がナイトクラブ勤めになり、妻が自分より稼ぐようになったことに反発した父親がアルコール依存症になって、家族に問題が起き始めた。

「僕が一二歳の時、ついに両親が離婚した。僕たち子どもは母さんと一緒に引っ越したんだけど、そこは人種差別の激しい地区だった。メキシコ人は学校でもいじめられたし、バカにされていた。黒人が強かったんだ。いつも黒人の上級生がロッカーの前で待ち伏せしていて、どつかれたり、殴られたりした。それで僕は親友と二人で、メキシコ人のギャンググループをつくって、対抗することにしたんだ」

それが、ギャングにのめり込むきっかけとなった。

ウイリアムのグループには、一二歳から一六歳までのメキシコ少年たちが集まった。グループの名前は、B&B。バッド・ボーイズの略だ。B&Bのメンバーはしだいに増え、三〇人近くになる。仲間でつるんでマリファナをやり、ビールをあおった。そしてバットや石やナイフを武器に、黒人少年のグループと縄張り争いを展開する。そのパターンは、夜、敵の縄張りに入り、さっと壁にB&Bの落書きをして逃げる、というものだ。それでケンカになると、武器をとって戦った。そんな息子に困り果てた母親は、彼をしばらく父親のもとへ送る。が、それがかえって状況を悪化させた。

「オヤジは相変わらず呑んだくれていた。そのくせ、怒るとすぐに暴力に訴えた。僕はそんな父親の姿が嫌で仕方がなかった。だからある日、ついに溜まっていた怒りが爆発して、殴りかかり、半殺しにしてしまった。一五歳の時のことだ」

二人の争いに気づいた隣人が八人がかりで止めに入らなければ、息子は本当に父親を殺していたかもしれない、と彼自身、感じている。

「その頃の僕は、本当にワルだった。年上の連中が組織している、もっと大きなギャング団に入りたくて、彼らに一目置かれるようになろうと、強がっていた。そうして連中に認められるようになると、コカインやクリスタル(覚せい剤の一種)も使うようになり、自分の家でも盗みをするようになった。それで一七歳の時、初めて少年院に一週間、送られた」

少年院に入ったことが、ワルをよりワルに育て上げる。

「なかでは同じメキシコ人同士でつるんで、朝から腕立て伏せや筋トレをして、体を鍛えた。人種別にグループをつくり、トレーニングばかりするのは、あっちのムショでのお決まりごとさ」

米国のテレビドラマでもよく描かれるように、ギャングの集まっている更生施設や刑務所では、その内部でも外の世界と同じ仲間関係や組織が維持される。しかも毎日二四時間、敵も味方もすぐ近くにいるわけだから、外にいた時よりもタフにならなければ、やっていけない。

体を鍛えた少年たちは、酒と麻薬と武器を用いて、犯罪であろうが何であろうが、強さを誇示できることをやってのけるのが、快感となっていく。

一八歳になってからのウイリアムは、家に戻ることもなくなった。学校には通っていたが、庭師の手伝いなどの仕事をしながら、週末になると、ケンカに盗みにアルコールにどんちゃん騒ぎ、という日々を送る。そして八度も刑務所の世話になる。その大半は、暴行や飲酒運転の罪によるものだった。

「そのせいで、八度目に逮捕された時は前科が多すぎて、刑期を終えたら即、メキシコへ強制送還されてしまった」

伏し目がちに言う。

「前はアル中で荒れていたオヤジも、僕が家に寄りつかなくなってからは、心配して、たまに電話をくれていた。だから、強制送還が決まった時は、オヤジの言葉に耳を貸さなかったせいでこうなってしまってゴメン、とあやまった。するとオヤジは、電話口で泣いていた」

この頃、すでに米国籍を取ることを考え始めていた青年にとって、メキシコへの強制送還という事態は、想定外だった。人生の大半をロサンゼルスのメキシコ人コミュニティで送り、そのギャング文化に浸りきっていたところへ突きつけられた結論は、彼に深い後悔の念を抱かせた。が、どうやらそれは、行ないや意識を変えるまでには至らなかったようだ。

メキシコへ送り返された彼は、凶悪犯罪に頭を突っ込み逮捕逃れのために先にメキシコへ戻っていた三つ上の兄と、国境の町で落ち合った。そして二人で、メキシコ南西部ゲレーロ州の農村にいる祖父母の家に向かう。それから四カ月ほどした頃に、今度は首都に隣接するメキシコ州に住む叔母から、こちらへ来ないかという誘いを受け、兄ともども引っ越すことにする。

「都会に近いほうが、エキサイティングに違いないと思ったんだ」

ところがそれが、彼の悪い癖を蘇らせる。

彼らが移り住んだメキシコ州エカテペックは、メキシコシティで働く低所得者層のベッドタウンで、犯罪率の高さでも知られている。パンディージャもたくさんある。眠っていたワル魂を目覚めさせるような環境だ。

「最初は、何だ田舎じゃないか！ と思ったけど、近くにディスコがあったので、兄貴と二人で盗みを働いて稼いでは、そこでまたどんちゃん騒ぎをして遊んでいた。ところがある時、兄貴と知り合いの女の子と僕の三人で、タクシー運転手から強盗しようとして、警察に捕まってしまったんだ。それで兄貴と僕は懲役六年六カ月の実刑となってしまった」

ウイリアムは、ややうなだれてみせた。が、一転して、真剣な強い眼差しでこう語る。

「メキシコ州の刑務所で、僕は初めて本気で、これまで自分が迷惑をかけたり、傷つけたりした人たちのことを考え始めた。もういい加減、暴力ばかりの生き方に疲れていたし、健康で元気な自分が、バカなことばかりにエネルギーを注いでいていいのだろうかと、疑問を抱き始めた。そんな時、カウセの非暴力ワークショップに出会ったんだ」

それは、カルロスをはじめとする元ギャングを含むカウセのスタッフが、暴力を行使してきた当事者向けに、暴力の本質を伝え、暴力抜きの生き方を学ぶよう促すものだった。ウイリアムは、そのワークショップに一年間、毎週三回、参加した。加えて、刑務所で実施されている心理学やソーシャルワーク、犯罪学のセミナーにも出た。そうして過去の彼自身からは想像もつかないような、強い学習意欲を発揮していく。

青年の心の変化に気づいたカルロスたちは、その減刑に努めることにする。そして、二〇一五年三月、ウイリアムは予定よりも二年以上早く、塀の外へ戻ってきた。そこは彼にとって、新しい光に満ちた世界だったに違いない。

異なる生き方を実践する時を迎えた青年は、まさにこの年に計画されていた、カウセの新たな活動を担うことになる。高校生を対象とする「暴力と失踪に関する対話集会」活動だ。

高校生と対話する

二〇一五年一〇月初旬、私と篠田は、ウイリアムたちが実施する対話集会の活動に同行することにした。公立高校の三年生の二クラスが対象で、学校があるのは、ウイリアムが強盗をして捕まったエカテペック、麻薬カルテルの抗争が続いている低所得者層の住宅地域だ。彼は今でもこの地域に暮らしている。「対話集会」では、ウイリアムとリセット(二一歳)、カウセのメンバー二人が、ファシリテーターを務める。リセットも同じくエカテペックの住民だ。

住宅街の外れ、近くの空き地でラバが草を食む、のどかな土地に、その校舎は建っていた。ありきたりのコンクリート平屋建てで、教室は一クラス五〇人もいる生徒には窮屈なものだったが、かえって親密さが増す感じもあった。

午前八時五〇分、今日対話集会を実施する二つの教室のうち、一つ目のクラスでの活動が始まる。

「みなさん、おはようございます！」

ふっくらとして貫禄のあるリセットが、元気に集会の幕を開ける。

最初に、今日のファシリテーターである彼女とウイリアムそれぞれが、簡単な自己紹介をする。その後、生徒たちに足の形をした紙を配り、自分の名前と「こう呼んでほしい」と思うニックネームを書き込むよう指示する。加えて、「暴力とは何か？」と、「自分がやった、もしくはされた暴力」についても、簡単に書く。それから、その足形をテープで胸に貼って、順番に名前を言っていった。

「では、これからみなさんと一緒に、この集会における合意事項をつくっていきたいと思います。学校には校則がありますが、ここでは一緒にこの時間をすごすうえでの合意事項を考えます」

リセットがそう言うと、生徒たちが、対話の間は守ってほしいと思う事柄を挙げていく。

「ここにいる一人ひとりを尊重する」、「一人称で話す」、「人の話を遮《さえぎ》らない」、「ここで話されたことは、口外しない」、「自分の意見を述べる」、「注意深く聞く」——。

合意事項が出揃ったところで、今度はリセットが、カウセについて、元ギャングが創ったことや、非暴力の思想を推進していることなど、簡単な説明をする。それからいよいよ、対話集会の本番だ。

対話を導くために、カウセから来ている二人がまず、生徒たちに伝えたい自分の体験を話す。最初のスピーカーは、リセットだ。

彼女は、本題に入る前に、現在のメキシコ社会の状況について語り始めた。はびこる暴力、麻薬カルテル、治安への不安、腐敗した政治……、日々の暮らしを脅かし続けている事柄を、淡々と並べていく。そして、ふいに、

「今日は一〇月二日ですが、何の日ですか?」

と、生徒たちに問いかけた。

「学生の大虐殺事件があった日」

と、誰かが答える。

それは一九六八年のメキシコ・オリンピック開催一〇日前、抑圧的な体制に対し、自由と民主主義を求めてメキシコシティのトラテロルコ三文化広場に集まっていた学生たちに向かって、軍が発砲し、三〇〇人以上の死者が出た事件のことだ。今でも政府権力による民衆弾圧の象徴的な出来事として記憶され、毎年、この日に大規模なデモが行なわれる。

答えを受けて、リセットが今度はこう問い返す。

「じゃあ、学生虐殺のような出来事は、現在も続いていますか?」

すると、生徒の間から、

「アヨツィナパ!」

という声があがる。二〇一四年九月二六日に、ゲレーロ州イグアラの町で起きたアヨツィナパ師範学校生の殺害・失踪事件のことだ。この事件については、のちほど詳しく取り上げるが、リセットがこの事件に

話を持っていったのは、次の質問のためだった。

「そうです。事件には、強制的失踪が絡んでいます。この〝強制的失踪〟という言葉を知っていますか？　これは、単に行方不明になっているというだけでなく、公的機関などが関係する形で、人から自由と法的権利を奪い、失踪状態にしている場合に使われる言葉なんです。それに関連して、今日は私の父の話をしたいと思います」

そう言うと、彼女は自分の父親の失踪事件について、話し始めた。

「私の父は、二〇〇九年、一五歳になった私にお祝いのハグをしてから、いつものように塗料販売の仕事で、北部の町へと旅に出ました。二〇日ほどして母に電話で、送金したから、と言ってきました。そして、〝どうやらこの先で、知人が何人か行方不明になっているようだから、ちょっと様子を見に行ってみるよ〟と告げたのです。母は心配になり、やめるよう頼みましたが、父は耳を貸さず、行ってしまいました。そしてそのまま、消えてしまったのです」

父親が探しに出かけたのは、仕事仲間や親しい友人たちだった。結局、リセットの父親を含む計一二人が、同じ場所で姿を消した。それから六年経つが、誰一人、行方のわかった人間はいない。大黒柱を失ったリセットの家族は、あらゆる種類の苦しみを味わうことになった。

「父がいなくなった年のクリスマスは、本当に辛いものでした。母は部屋に閉じこもったまま出てこず、私と弟はただただ途方に暮れていました。隣人のなかには、〝あんたの父親はほかの女と消えたのよ〟とか、〝麻薬組織に関わってるんじゃない〟などと言う人もいました。その一方で、お金に困った時に助けてくれる人たちもいました。でも、警察は捜索すらしてくれませんでした。だから、私たちは同じ境遇にある失踪者家族たちと力を合わせて、司法に訴えることにしたんです。強制的失踪の可能性が高いからです」

リセットの家族は、ほかの二〇家族と共同で被害者グループを結成し、司法手続きを始める。すると、同じ悩みを抱える人々が、次々と仲間入りするようになった。

「そもそもこの国では、何か問題が起きた時に司法に訴える習慣がありません。訴えても、私たち自身が圧力をかけないと、何もしてくれない。だから、自らを組織して、闘わなければならないのです。みなさん、どうか行動を起こすということを覚えてください」

悲痛な体験を静かに語った前半とは打って変わって、気合いに満ちた表情のリセットが訴える。それから今度は、じっくりと言い聞かせるように、こう続けた。

「それともう一つ、家族とは常にコミュニケーションをとるようにしましょう。この地域では、失踪事件が頻発しています。この話は、決して他人事ではないのです」

リセットが話し終えると、生徒たちの間にはしばし緊張した空気が漂い、物言いたげな顔をする子どもも何人か見受けられた。が、ここは先に、ウイリアムの話も聞かなければならない。

彼は、自分で話すべきことを綴った紙を手に、ゆっくりと皆の前を前後左右に歩きながら、まずはそこに書かれた「自分の主張」を紹介した。

「僕は以前、麻薬をやって、どんちゃん騒ぎをするだけのために、働いていた。でも今は、カウセの活動が好きで、それを広めるために働いている。この国には正義がなく、嘘や偽善だらけだが、僕はそうしたものが嫌いだ。それがどんなものか、よく知っているからだ」

そして、私のインタビューで話してくれた自分史を、違う要素を足したり、話の一部を省略したりしながら話した。子どもの頃、ロサンゼルスの学校で、メキシコ人だからというだけで、いじめられたこと。ギャングになることでそれに対抗しようとしたこと。年上のギャング連中に力を認められ、麻薬をたくさん与えられたこと。それにハマって、麻薬と犯罪ばかりに浸っていたこと。そのせいで刑務所行きになったこと。平気で暴力をふるうギャングとしての人生が、描き出されていく。

と、ウイリアムが、生徒たちにこう話しかけた。

「君たちに質問だ。犯罪者の頭のなかは、どんなだと思うかい?」

すると何人かが、「汚い考えに満ちている」、「少しは罪悪感がある」、「悪事が習慣化している」、「心が閉ざされている」などと、イメージを言葉にする。それに対して、ウイリアムが述べる。

「僕は、ワルだった頃、ギャング暮らしが好きで、仲間といるとアドレナリンがガンガン出た。でも、今はそのアドレナリンを別のことに使っているよ」

それから続けて、次の質問をする。

「じゃあ、刑務所って、どんな所だと思うかい?」

「残酷な所」、「なかでも酷い目にあう」といった声があがる。

「そうだね。僕はそういう刑務所人生を、自分で選択してしまったんだ。でも、ここメキシコ州の刑務所で、聖書や心理学などに関心を持つようになり、カウセのワークショップで非暴力思想を学んだ。そうして、別の生き方を見つけたんだ」

ウイリアムの告白に、安堵の空気が広がった。

高校生との対話集会で語りかけるウイリアム.

「じゃあ、どうしたら暴力を回避し、誰もが共生できるようになるだろう?」

「自分がされたくないことは、他人にもしない」、「自分がやりたいことや、生き甲斐を持つ」、「どんな時もまずよく考えてから、行動に出る」、「きちんとした目標を持って生きる」と、真摯な答えが続く。

締めくくりにリセットが、クラス全体に向かって自由な感想を求めた。何人かが手を挙げ、思いを語る。

「僕の従兄も、ウイリアムのような体験をして、今、殺人罪で服役しているんだ。僕も実はパンディージャに入っているけど、今日の話から多くを学んだよ」

「リセットの話を聞いて、小さい頃に父抜きですごしたクリスマスを思い出しました」

「ギャングをやっている叔父のことを、考えた」

「どんな人も何かしら問題を抱えていると思うけど、じっくり考えて対処することが大切だとわかった」

「学校に通うことができる自分の環境をありがたいと考え、見直そうと思った」

「人生においては、やっかいな問題からも何かを学び、成長していかなければいけない」

「ほかの人の人生をよく分析して、そこから学ぶことも、大切だと思った」
六、七人が話したところで、時間切れとなった。それにしても、高校生たちは、この対話集会を思いのほか真剣に捉え、活用している。
一〇分ほどの休憩の後、同じ対話集会を、今度はとなりの教室で実施する。

このクラスは先ほどよりも人数が一〇人ほど少なかったので、ウイリアムたちが「円になって話そう」と提案し、狭い教室で二重、三重の円をつくった。なかには一番前、円の内側の床に直接べたっと座る男子もいる。この対話集会にかなり興味を抱いているようだ。

最初は前の回と同様に、この集会での合意事項を挙げてもらう。そして、スケジュール通り、リセットとウイリアムが、自分の話を披露した。

ウイリアムは、新しい生徒たちにも、犯罪を犯す人の心理や刑務所について尋ねた。意見を述べた男子生徒のなかには、親戚や知人が刑務所にいたことがあるために、「内部で麻薬を使っている」、「出所する時は、さらに悪いヤツになっている」といった具体的なイメージを語る者もいた。メキシコの貧困層の間では、刑務所はさほど遠い特殊な世界ではない。罪を犯したと疑われれば、あるいは警察の都合で「犯人」に仕立て上げられれば、裁判なしで刑務所送りにされるからだ。そして、現実に重大な罪を犯した者とそうでない者が、ごちゃまぜで暮らすはめになる。そこでうまく生き延びる術を身につけていくうちに、どんどんワルになっていくのだ。

そんな結末に至らないよう、少年少女たちは、自分たちや地域の人々が、どんなことに取り組めば暴力や犯罪を予防できるかを考えた。そして最後に、この対話集会の感想を、円の中心に出て発表することになった。

するど、最初のクラス以上に手が挙がった。どんなことを語るのか、期待しながら見守る。

「今、この国で起きていることが、よりよく理解できた。人生は簡単じゃないと思う」

一人目の少年がそう言うと、次の少女が自分の身近で起きたことを話す。

「私の知人は一週間ほど行方不明になっていましたが、そのあと遺体で発見されました。大勢の人たちが、そういう目にあっていると思います」

その言葉に、周囲が静まり返る。これまで取材してきた理不尽な出来事の数々が、目の前にいる子どもたちの「日常」であることに、驚かざるを得なかった。と、一人の少年が立ち上がり、重苦しい雰囲気をいっそう重くする様相で、円のなかへと進み出た。

「僕は、人を刺したことがあるんだ。従兄は殺されたし」

一瞬、教室全体が沈黙する。彼はナイフでケンカをしたらしい。誰も何も言わないなか、ウイリアムが彼の肩にそっと手を乗せて、「あとで話そう」と声をかけた。カウセでは、カウンセリングも行なっている。

すると今度は、そんな少年たちの生活環境を表す証言が出てきた。

「高校生になった頃から、僕の周辺に麻薬を使っている人が増えた。家の近所でもそうだ。でも、余計な詮索をすると、命を狙われるかもしれないから、気になっても黙っているんだ。誘拐事件も起きているし、最近は外出するのが怖いよ」

少年の話を受けて、少女がこう告白する。

「私もマリファナを試したことがあるの。家で問題がありすぎて、そのストレスを解消するために、使ってしまった。でもとても後悔しているわ」

悔い改めることの重要性を語る少年が、このあとに話した。

「中学一、二年の頃、四、五人でパンディージャをつくって暴れていました。ビッグになった気分を味わいたかったんです。でも、仲のいい従兄が、やめたほうがいいと諭してくれました。それで抜けたんですが、その直後に、仲間の一人が殺されました。従兄のおかげで間違いに気づくことができて、助かった。過ちを認識し、そこから学ぶことが大切だと思います」

少年の建設的な意見の後には、二人の少女がそれぞれ、失踪事件に関する体験を語った。一人は親しい叔父が誘拐され、検察庁に捜索願いを出したのに何もしてくれないと、涙を浮かべた。聞いていたクラスメートの多くも、目を潤ませる。もう一人は、大好きな叔父が通りで襲われたり、別の叔父も誘拐されそうになったりしたことが恐ろしい、と訴えた。

そんな子どもたちの声を聞いたリセットたちは、カウセが実施している非暴力のプロジェクトや失踪者家族団体に関する情報を示したうえで、最後のまとめとして、どこか興奮と緊張に取りつかれたような面持ちの少年少女たちに、こう伝えた。

「間違いや真実に気づいて、そこから学び、前へ進むことが、本当に大切ですね。そうやって、私たちは人として強くなれるのです」

3

立ち上がる人々

El pueblo se levanta.

132運動に参加し，真の民主主義社会を築こうと立ち上がった若者たち.（メキシコシティ）

「麻薬戦争を始めた大統領」として、メキシコ史にその名を残すことになったフェリペ・カルデロンは、二〇一二年一二月に六年間の任期を終え、代わってエンリケ・ペニャ・ニエトが大統領に就任した。それはメキシコの麻薬戦争が新たなステージに入ったことを示唆していた。二〇〇〇年に就任したビセンテ・フォックスとその後を継いだカルデロン、この二人は、それまで野党だった右派のPANから史上初めて選ばれた大統領だった。これに対してペニャ・ニエトは、それ以前に七一年間も与党に居座っていた中道右派のPRIの復活を、世間に知らしめる大統領だった。

過去二期の政権を担ったPANは、カルデロン時代の麻薬戦争のせいで、「死の六年間」を演出した政党として、酷評されることとなった。政権交代の時点で、麻薬戦争絡みの死者が七万人前後にも上り、行方不明者もおよそ二万人はいるという事態を引き起こしたからだ。国民はこの流れを変えることを願い、二〇一二年の大統領選は事実上、PRDを含む左派連合の候補、アンドレス・マヌエル・ロペス・オブラドールと、ペニャ・ニエトの争いとなった。そして結果的に、ペニャ・ニエトが勝利した。だが、その選挙プロセスには不正の疑惑が残り、ペニャ・ニエトの勝利に納得しない市民が、国中至る所にいた……。

疑惑の大統領と市民運動

事の発端は、二〇〇〇年と二〇〇六年の大統領選挙にあった。いずれも最終的にPANが勝利したが、この二回の選挙において、ロペス・オブラドールは当時所属していた中道左派のPRDから出馬し、高い支持を得ていた。彼は、政界とは無縁の家庭に生まれ育ち、労働者の立場でモノを言う気さくな人柄で庶民の心を惹きつけていた。だから、選挙戦では常に有利が伝えられ、誰もが彼の勝利を疑わなかった。そして開票速報の数字も、その優勢を伝えていた。ところが、票集計の土壇場になって、選挙管理委員会の集計システムの不具合など、あり得ないような理由で突然、結果が覆ったのだ。

二〇一二年の選挙でも、PRIによって不正が行なわれ、彼は三度目の敗北を喫することになった。メキシコ人の多くが、そう考えている。というのも、その投票日に明らかな兆候が見られたからだ。

「PRIは、投票所であからさまに票の買収をしていたのよ」

ロペス・オブラドールを支持する友人は、二〇一二年七月の大統領選挙の投票日、メキシコシティの南西部にあるスラムの投票所で監視員のボランティアをしていて目にした光景を、こう語る。

「PRIの人間が、投票に来た人にカメラ付き携帯電話を手渡して、言うの。〝PRIのマークにバツをして写真にとり、出口でそれを見せてくれれば、五〇〇ペソ（三〇〇〇円前後）の電子マネーカードを差し上げますよ〟」

メキシコの投票は、用紙に印刷された政党のシンボルマークにバツをつける形式だから、その紙を写真にとれば投票した証拠になるというわけだ。

また、PRI支持者で投票所の監視員を務めた人たちは、一人数千ペソ（一〜二万円）の報酬をもらっていたという。貧困層の月収に相当する金額だ。一方の友人はというと、無給ボランティアだった。

PRIによる買収行為や選挙運動資金の法的制限額オーバーを見て、野党は選挙の無効を連邦選挙裁判所へ提訴した。が、「違反はなかった」という判決だった。しかも、その判断の根拠は曖昧で、具体的な理由が述べられなかった。資金の制限額オーバーは、ほぼすべての政党に当てはまる行為だというが、PRIのそれは規定の六倍以上といわれ、度を超えていた。

ペニャ・ニエトの勝利は、選挙制度が抱える問題の深刻さだけでなく、この国のメディアの大半が権力の言いなりで、言論の自由など存在しないことを、改めて示した。

「私たちは市民の視点を持つ、独自のメディアをつくる必要があります」

二〇一二年九月、ペニャ・ニエト大統領就任に反対する大学生のグループに話を聞きにいくと、政治社会学を学ぶセルヒオと哲学専攻のルイスが、そう主張した。彼らは選挙キャンペーン期間中から、仲間と反ペニャ・ニエト運動を続けていた。その背景には、ペニャ・ニエトのキャンペーン中に体験した、ある出来事があった。

同年五月、ペニャ・ニエトは学生との対話集会のために、メキシコシティにあるイベロアメリカ大学を訪れた。ところが、彼を待ち受けていたのは、学生からの批判の嵐だった。講堂で演説をしたところ、観客から、彼がメキシコ州知事だった二〇〇六年に、同州内で起きた市民デモを武力で弾圧し、死者と拷問やレイプの被害者まで出したことを強く非難する声があがったのだ。罵声が飛び交うなか、PRIの大統領候補は逃げるようにして裏口から退場し、ボディガードに守られながら車までたどり着き、さっさとその場を立ち去った。

この事件に関して、PRIは、大手テレビ局テレビサを使って、騒ぎを起こしたのは本物の大学生ではなく、対立候補が送り込んだ人間だという情報を流した。これに対し、講堂で批判の声をあげた学生たちは強い怒りを感じ、一三一人が、ユーチューブで一人ひとり、自らの学生証を示す映像を流して、自分たちは正真正銘のイベロアメリカ大生だと訴えた。すると、彼らの主張に賛同する様々な大学の学生が次々と、フェイスブックやツイッターなどのソーシャル・ネットワークを駆使して、支持の声をあげたのだ。合言葉は「YO SOY 132」(私は一三二番目)。そこからまさに、「YO SOY 132」という名の、新しい学生運動(以後、132運動)が生まれた。セルヒオやルイスは、その運動に参加していた。

132運動は、スペインの「15M」運動(二〇一一年五月一五日に生まれた、大企業や既存政党の利己的姿勢を批判し、真の民主主義を求める市民運動)や米国のオキュパイ・ウォールストリートと同じく、既存の政党や組織からは独立した、ゆるやかな市民ネットワーク運動だ。各大学や地域に「ローカル議会」と、政治、メディアなどといったテーマごとの「委員会」を持ち、それぞれが独自の活動を展開していた。それらが、ソーシャル・ネットワークを通してつながり、時に共同で行動を起こすのだ。

ペニャ・ニエト大統領が体現する「金と権力による支配」は、六〇年代の学生運動以来ともいわれるほど、大勢の学生の怒りに火をつけた。彼らは、自分たちの声を「政敵の陰謀」として葬り去ろうとしたPRIの言いなりであるマスメディアにも、これまで以上の不信感を抱いていた。

「メキシコでは本当の市民の声はかき消され、マスメディアが勝手に世論をねつ造している。多くの国民はそれに騙されています」

セルヒオはそう渋い顔をした。それくらい、選挙戦中の権力によるメディア操作は、あからさまだった。

地方政界のサラブレッドといわれ、PRIの大御所と財界の支援を受けたペニャ・ニエトは、豊富な資金力を使って、PRIの十八番である「プレゼント作戦」を各地で展開した。PRIに買収されているといわれるテレビサは、ことあるごとに彼の宣伝映像を流し続けた。そのテレビ俳優のようなルックスも手伝い、テレビしか見ない庶民はおおいに「洗脳」された。

前与党のPANも、自らの政権の継続が不可能と見ると、即ペニャ・ニエト支持にまわった。カルデロン大統領(当時)は開票終了後、すぐにペニャ・ニエトの勝利を祝福し、後継者として歓待する姿をメディアで流した。保守派のPANとしては、ロペス・オブラドールに勝利されては困るからだろう。

「ほかの候補者が勝つことはあり得なかった。選挙戦すべてがペニャ・ニエト勝利のために用意された舞台であり、ほかの候補者は舞台をそれらしく見せるためのキャストにすぎなかったんです」と、ルイスは言う。多くの市民が、「国民はペニャ・ニエト新大統領を強要された」と感じていた。

そして、九月半ばすぎ、132運動や労働組合、農民組織、市民運動のメンバーら約三〇〇〇人が、南西部の町、オアハカに集まり、「強要に反対する国民会議」という市民集会を、二日間にわたって開催した。人々は、一二月のペニャ・ニエト政権誕生を前に、真の社会変革を実現するためにはどう闘うべきかを議論した。麻薬戦争と選挙が示すメキシコの政治・社会状況は、市民にとって、それほど危機的なものだった。

集会会場では、オアハカの町外れにある広い空き地に張られた大きなテントに、たくさんの折りたたみ椅子が置かれ、参加者はそれを思い思いの場所に持っていっては、何人かで円座になり、話し合いをしていた。彼らは、「強要に対抗するための全国的な連携のあり方」、「反政治家の姿勢」、「行動プラン」、「オリガルキー構造」、「自由なメディア」という五つのテーマについて、議論を展開していたのだ。その結果を、最後に全員が集まって発表するという。

会場内を歩きながら、参加者に話を聞いていくと、労働者・生産者組合から来ている五五歳の男性は、

「ＰＲＩの復活に断固として反対します。それは政府が国民から盗み、抑圧する行為を助長することになるからです」

と、話してくれた。となりにいた六三歳の女性も、

「ＰＲＩやＰＡＮの政策には反対です。彼らは米国の言いなりで、国民のほうを向いていない。メキシコには、政府の権力に対抗できる市民社会の力が必要です」

と言う。

労働者のために働く弁護士だという二八歳の男性は、ＰＲＩの政治を「悪習だらけの政治」と呼んだ。カルテルのボスたちと同様に、権力者は指一本で何でも動かせると考えているからだという。

「僕は１３２運動を支持していますし、大統領候補のなかではロペス・オブラドールを応援しています。彼を軸にした新しい政党が生まれることに、期待しています。僕たち若者や労働者、農民など、より広範な層を巻き込んだ政党が必要です」

彼の期待通り、ロペス・オブラドールは、二〇一四年に、独自の政党「国家再生運動」（通称モレーナ）を結党することになる。

このほかにも、中学校で歴史を教えている女性や壁画を描く社会派アーティストなど、様々なタイプの参加者の声を聞いたが、大半の人間が、現在のメキシコが民主主義とは程遠い状況にあると考え、その原因の一端を、ＰＲＩを代表とする既存の政党や政治家の身勝手に見い出していた。そして、それを変えるために、彼らは全国的な連帯ネットワークを築こうとしていた。

だが、この日の話し合いでは、その道筋が見えてこなかった。全国の異なる立場、年齢の者たちが一つ

の合意に至るのは、並大抵のことではなかったからだ。百戦錬磨の組合リーダー、農民、学生、左派市民グループのメンバーなど、ただでさえ議論好きな人たちが自分たちの主張を始めると、収拾がつかなくなる。

結局、二日目の夕方になっても、話は十分にまとまらなかった。

そして一二月、ペニャ・ニエト大統領の就任式が行なわれ、PRI政権は、世間の不満や不安をよそに、独自の「慣れたやり方」で、政治を行なうようになっていった。

最初に立ち上がった者たち

麻薬戦争に反対し、民主的な政治によって平和を築くことを求める市民運動が、社会を変えるための十分な力を持ちきれないなか、唯一その存在感を示していた運動があった。詩人でジャーナリストのハビエル・シシリアが二〇一一年三月に立ち上げた、「正義と尊厳ある平和のための運動」(MPJD)だ。MPJDは、警察や軍を含む政府機関やカルテルによる殺害や失踪といった暴力犯罪加害者に対する公正な裁判の実施など、正義の実現を訴え、全国各地で声をあげていた。

シシリアについては後ほどじっくり紹介するとして、132運動の学生たちも共闘していたMPJDのデモや集会には、スラムに住む私の友人たちを含む、多くの市民が参加し、カルテルをめぐる文字通りの「戦争」をやめるよう、政府と犯罪組織に要求していた。その運動の中心にいたのは、シシリアの呼びかけに勇気を得て立ち上がった、麻薬戦争によって家族を失った八〇〇人余り(当時)の市民だ。二〇一二年の秋、そのMPJDに参加する女性二人が、インタビューに応じてくれることになった。

メキシコシティの閑静な住宅街にある「全国社会コミュニケーションセンター」(CENCOS)の事務所で、彼女たちは待っていた。CENCOSは、人権擁護の立場に立ち、体制迎合的なマスコミによってかき消されている、社会的に弾圧、排除されている人々の声や情報を世に届けるために活動するNGOだ。彼らは、MPJDだけでなく、あらゆる活動家、市民団体、運動に、情報発信の場を提供し、その情報を拡散することを使命としている。だから、このインタビューもアレンジしてくれたのだ。

机と椅子数脚以外に何もない簡素な部屋で、まだ二三歳だった息子の写真を手に、アラセリ・ロドリゲス(四九歳)がまず、話を始めた。ショートヘアにすっきりとした鼻筋、きりりとした目を持つ母親だ。

「息子は二〇〇九年、連邦警察官として、麻薬戦争の激しいミチョアカン州への赴任命令を受けました。ところが、任地へ向かう途中、同僚六人とともに行方不明になりました」

連絡が途絶えてすぐ、家族は連邦警察に捜索を依頼したが、警察はそれから一週間も動かなかった。

「のちに犯人が逮捕され、その証言から、息子らは犯罪組織に拉致されてまもなく殺害されていたとわかりました。私はその犯人たちとの面会を求め、息子たちの最期について、詳しく聞くことにしました」

そう言うアラセリは、実に毅然としていた。どんな悲劇的な話であっても、真実を知りたいという強い意志が見えた。

犯人たちは、組織の下っ端の若者たちで、ボスに指示された通りに警官たちを拉致し、人気のない原野へ連れて行き、銃殺して埋めたと話した。それを聞いたアラセリは、面会に応じた若者に、その「仕事」でいくら報酬を得たのか、と尋ねた。

「すると彼は、三〇〇〇ペソ(約二万円)だと答えました。私が、〝あなたはたったそれだけのお金のために、罪なき人の命を奪うのですか？〟と問いかけました。すると彼は、突然泣き出し、〝命令だったんだ。申し訳ない〟と、涙ながらに許しを請いました」

彼女はその場で、その気持ちは受け取ったと伝えた。が、むろん、心の底から許せるわけもなく、ただただ虚しさばかりが心を覆った。そして何よりも、連邦警察の対応に憤りを感じた。この国には、犯罪組織に脅されれば、貧困層の月収をやや上回る程度の報酬で、殺人を引き受ける者がいる。なのに、連邦警察は、迅速な捜索を行なわず、若い警官たちを犬死させたからだ。

「私は今、連邦警察に大きな不信感を抱いています。内部に組織と通じていた者がいるのではないかと感じているのです」

社会に役立ちたいと、息子が選んだ連邦警察という職場が、息子の思いとはまったく逆の組織に変質しているのではないかという悪い予感は、彼女の心をキリキリと締めつけていた。なぜなら、彼女の周りでは、その予感は限りなく現実に近いと思われることばかりが、次々と起きていたからだ。

「警察に犯人の捜索や刑務所での面会を要請しはじめてから、自宅に〝黙れ〟、〝死ぬぞ〟といった匿名の脅迫メモが投げ込まれるようになりました。それ以来、親類や知人は怖がって、私を遠ざけています」

母親は、息子を襲った悲劇の真相を知りたいと願っただけで、家族、親類、隣人、友人たちから孤立した。

「麻薬戦争は、被害者の家族を取り巻く人間関係まで破壊するのです」

アラセリは、苦悩の色を浮かべながら、話をそう締めくくった。

政治が麻薬カルテルとその下部組織を統制できない社会では、本来は市民を守るはずの公権力内部のどこに「組織の共犯者」がいるかを知ることすら、難しい。

インタビューに応じてくれたもう一人の女性、ラウラ・ナバ(四五歳)は、メキシコ州の公立高校の校長だった兄を、二〇〇七年に殺された。彼女も公権力を疑っている。曰く、

「州の役人もまったく信用できません」

彼女の兄は、自らが校長を務める学校内に麻薬組織が入り込んでいる実態を、州政府と警察、裁判所に文書で訴えていた。

カルテルに息子の命を奪われたアラセリ.

「兄は子どもたちが麻薬問題に深く巻き込まれることを案じて、未然に防ぐための行動に出ていたのです。でも、訴えた直後から、匿名の電話や手紙で脅迫を受けるようになりました。そして、およそ半年ほどした頃のある朝、いつものように学校へ向かう途中に、校門の前の通りで殺害されたんです」
こちらを見る目が、その理不尽さに憤る。
彼女をはじめ、家族は全員でＭＰ

ＪＤに参加し、正義を求めて闘っている。そんな彼らの人生も、アラセリ同様に、大きく変わった。

「友人たちは、巻き込まれるのを怖れて、私たちから遠ざかりました。なかには、兄が何か悪いことをしたのだと、決めつけている人もいます」

痛みを抱えながらも、ラウラと家族は、州警察や裁判所のきちんとした捜査を要求し続けている。だが、彼らは一向に動かないという。この事件当時のメキシコ州知事は、二〇一二年一二月に大統領に就任したペニャ・ニエトだ。その事実が、彼女らの公権力への不信感を強めていた。


この二人以外にも、ＭＰＪＤの集会やデモで出会った被害者家族の間には、権力に対して同じ疑問と憤りを抱く者が数多くいた。アラセリの息子の殺害事件は連邦警察絡みだったが、実は警察のなかでも、麻薬戦争が激しい北部の地方警察が、犯罪組織とのつながりをもっとも疑われている公的機関の一つだ。

ロス・セタスが活動していたミチョアカン州のある町で、息子が彼らに暴行を受けたことを警察に届け出た男性は、犯人逮捕の知らせを聞いて州警察署へ出向いた際の出来事を、声を潜めてこう話した。

「対応してくれた警官に、〝このあたりのいたる所でロス・セタスが暴力を振るっているから、何とかしてほしい〟と訴えると、彼は私の口に手を当てて、〝二度とその名を口にしないでくれ。でないと、あなたを殺さなければならなくなる〟、と言いました」

彼は口を閉ざすしかなかった。が、この状況をただそのままに放置しておくわけにはいかないと感じたため、被害者家族の運動に関わるようになったという。しかし、そんな人々の努力は、彼らの命をより危険にさらすことになる。それは、権力が自らと犯罪組織が共犯関係にあることを隠すために沈黙を守り、それを打ち破ろうとする者には容赦しないからだ。

地域に暴力の闇が広がっていても、何事も起きていないフリをし、実態を語ろうとする者や暴こうとする者、改善しようとする者の口を塞ぐ。そうした現実を、先述のミチョアカン州から来た男性と同じ集会に参加していたメキシコ州教員組合の活動家も、自らの経験からこう語った。

「私たちが暮らすメキシコ州では、毎日のように麻薬カルテルの抗争で人が殺されています。なのに、州政府もマスコミもいっさいその事実に触れない。つい数日前も、歩道橋から死体が吊り下げられているのを目撃しましたが、まったくニュースになりませんでした」

彼のそばにいた同じ組合の女性も、大きく頷きながら、

「私も先日、公衆電話の上に首が置かれているのをみたわ。ニュースにはならなかったけど」

と言う。だが二人とも、「ここだけの話」だと念を押した。

麻薬戦争の内部に広がる権力の闇を暴き、正義と尊厳ある平和を実現しようと立ち上がった市民の行く手には、狡猾な権力者たちと、それに操られるがままに偽りの平和に甘んじる一般市民の無知あるいは事なかれ主義が、立ちはだかっていた。

増える失踪者

「政府が自らを批判する人々を黙らせ、怯えさせるために、強制的失踪という手段を用いる傾向は、世界中で依然として続いている」

二〇一五年、国際人権NGO「アムネスティ・インターナショナル」は、八月三〇日の「国際失踪者デ

ー」に際し、世界各地で起きている強制的失踪について、そう報告した。シリアやスリランカと並び、状況が深刻な国の一つにメキシコを挙げ、ペニャ・ニエト大統領に、失踪者の捜索と人権状況の改善を訴えた。

メキシコでは、二〇〇六年一二月のカルデロン政権発足から二〇一五年八月までの間に、三万人近い人が行方不明になっていた。麻薬戦争による死者は約一五万人だ。現地週刊誌『プロセーソ』は、一五年二月七日掲載の記事のなかで、カルデロン政権とペニャ・ニエト政権それぞれの失踪者に関する公的データを分析し、「カルデロン政権下では一日平均六人が失踪していたが、ペニャ・ニエト政権下ではその倍以上、平均一三人だ」と指摘した。

これらの事実は何を意味しているのだろうか。

「犯罪組織は今、手下に、〝何をしてもいいが、出したゴミは片付けろ。あるいは料理しろ〟と指示しているんだ」

凄みのある目つきで、カウセのカルロスが言う。麻薬戦争の影響が大きい地域の若者たちの近況を聞きに行って、いきなり出た話が、それだった。

「つまり、数年前までのように、町中に死体が転がっている、という状況は避け、殺した相手は埋めるか焼くかして、とにかく証拠を消せ、ということなのさ」

何ともおぞましい話だ。

「それに、ペニャ・ニエト政権になってから、殺人以上に失踪事件が増えている」

プロセーソ誌の記事の話と一致する声だ。カウセの青少年コミュニティセンターの一室で、「ひどい風邪をひいていて、声があまり出ない」とぼやきながらも、彼はさらに詳しい話を続ける。

「ここに来ている若者、となりのメキシコ州の青年たちだが、彼らが言うには、殺しはダメだが誘拐や人身売買は構わない、という指示が（カルテルから）出ているそうだ。そのことが失踪者を増やし、特に一三歳から一七歳の少女の被害を増やしている。性産業で働かせるために誘拐しているからだ。つまり、男も女も、貧困層の若者たちは、犯罪組織の都合のいい労働力として使われているんだ」

カルロスによれば、メキシコではこの時点で、五〇万人前後の人間が、カルテル関係の組織犯罪に関わっており、その大半が若者だということだった。

「小・中学校を中退する若者の六二パーセントは、経済的な理由で通学を断念する。家族で支え合うことで家計が成り立つ社会は、もう存在しない。だから、子どもの頃から犯罪組織に入る。そうして学業を捨てていく。彼ら自身の言葉を借りれば、才能はストリートで失われていく、わけだ」

こうした現実の背景には、犯罪組織と政府関係者のつながりの緊密化があると、彼は見る。

「誘拐や殺人の裏には、麻薬カルテルのような犯罪組織だけでなく、彼らとつながっている警察、軍、司法、行政関係者がいる。だから、遺体という証拠が残る殺人事件ではなく、犯人の特定と逮捕が難しい失踪事件にしたいのさ」

すべてを見透かしたかのような目が、私をまっすぐに見つめた。確かにこの見解は、実際に起きていることをうまく説明している。

政府機関によって正式に集められたデータにもとづいてみても、失踪者は現政権になって急増しているのに対し、殺害された人の数は、カルデロン政権の最後の年（二〇一二年）に年間二万六〇三七人だったのが、ペニャ・ニエト政権下の二〇一四年には一万四四一三人に減少している。遺体が発見されるケースは、ペニャ・ニエト政権になってから、大幅に減っているということだ。

もしそれが、カルテルやその下部組織といった犯罪組織と、様々な政府関係者とのつながりに関わっているとすれば、なぜPANとPRIとで、その違いが生まれているのか。

その裏には、「PRIという政治文化」があると、考えられる。MPJDを牽引してきたハビエル・シシリアは、PRIの統治スタイルについて、こう語っている。

「大統領という名の大ボスが、マフィア(犯罪組織)も政治腐敗もコントロールする」

PAN政権の一二年間は皮肉にも、それ以前に七〇年余り続いていたPRI的政治スタイルが崩れ、麻薬戦争が激化し、大勢の血が流れることになったという。各地方および国家レベルで築かれていたPRI関係者と各地の犯罪組織との共存関係が機能しなくなり、「派手な殺人事件」にせずに「利害の対立を取り引きでおだやかに収める」ことができなくなったためだろう。ところが、PRIが政権に復帰すると、物事が再びPRIのスタイルへと収まり始めているように思われた。

そんなPRIスタイルの麻薬戦争の驚きのからくりを浮き彫りにしたドキュメンタリー映画がある。米国やメキシコでは二〇一五年に公開された『カルテル・ランド』(マシュー・ハイネマン撮影・監督)だ。日本では、二〇一六年の春にようやく上映されたが、さほど大勢の人間が観たわけではないだろう。現地事情を知らない日本人が、そこに描かれていることの真の意味を理解するのは、なかなか難しいからだ。私と篠田はそのDVDを、二〇一五年の九月に偶然、メキシコシティで見つけ、そのタイトルに惹かれて購入し、滞在先の友人の家に持ち帰ってすぐに観た。

この作品には、主人公の一人として、メキシコ中西部に位置するミチョアカン州で麻薬カルテル「カバジェロス・テンプラリオス」(テンプル騎士団、の意)から家族や住民を守るために立ち上がった自警団のリーダーで、医師のホセ・マヌエル・ミレーレスが登場する。彼をめぐる話の展開と臨場感たっぷりの映像は、衝撃的だ。

映画は、覆面やバンダナで顔を隠し武装した男たちが、夜の闇のなかで覚せい剤を製造するシーンから始まる。その後、彼らのような麻薬カルテルと闘う自警団のメンバーが、警察さながらに銃器を携えてピックアップ・トラックに乗り込み、カルテルメンバーの家に踏み込んで、敵を捕獲する様子を映し出す。自警団のリーダーの一人、ミレーレスが村々で行なう演説や、その演説に熱狂する人々の姿が、印象的だ。ミレーレスは、地域のヒーローになる。

ところが、この自警団のおかげでカルテルが地域から撤退し、ミレーレスの名声が高まり、その影響力が増すに連れて、周囲の様子が少しずつ変化していく。州政府関係者が、ミレーレス以外の自警団メンバーを取り込み始めるのだ。そして、ミレーレスが軽飛行機事故(事故なのか暗殺未遂なのかは定かでない)で入院している間に、自警団メンバーの一部が州政府のオファーに応じ、州警察の一員となることを決める。一方のミレーレスはその後、武器の不法所持の罪で逮捕され、服役することに。

映画のラストシーン。「州警察農村部隊」の紋章を付けた元自警団メンバーが、暗闇のなかで覚せい剤をつくりながら、こうつぶやく。

「皆同じ穴の狢さ。ただ俺たちは(覚せい剤)製造担当だから、目立っちゃいけないんだ。政府の一部となった今は、なおさらね」

まるで小説のような展開。映画に描かれている人物たちのありようや細かい人間関係などには、立場によって異論もあるようだが、権力の罠と、善と悪が紙一重、あるいは一枚のコインの裏表のような状況は、紛れもなく「現実」だ。シシリアは、この映画は真実をみせてくれると話し、こう言い切る。

「ミレーレスは正直な男で、無実だ。検察は、犯罪をでっち上げている」

自分たちの脅威となる人間は濡れ衣を着せて刑務所送りにし(あるいは暗殺して)、取り込めそうな人間には甘い汁を吸わせて、自らの駒とする。そんなPRIのやり方を捉えたのが、この映画というわけだ。

同じようなことがメキシコ各地で起きているであろうことは、想像に難くない。シシリアは、ジャーナリストとしての使命感だけでなく、より強い動機につき動かされて、この、マフィアのような国家の罪を暴き、正義を実現することに心血を注いでいる。その「動機」とは、愛する息子の死だ。彼の一人息子、フアン・フランシスコは、二〇一一年三月に、犯罪組織によって、その友人二人とともに殺害された。

その経緯を含め、私には、MPJDの創始者であり、同じジャーナリストでもあるシシリアに直接聞きたいことが数多くあった。そこで、シシリアを知っているというカルロスに、仲介役を頼んだ。その甲斐あって、二〇一五年一〇月、私たちは、彼の住むモレーロス州クエルナバカ、メキシコシティの南約六〇キロにある美しいコロニアル風の小さな町で、インタビューをする約束を取り付けた。

詩人の決意

その日はよく晴れ渡り、標高二二四〇メートルのメキシコシティよりも七〇〇メートルほど高度が低いクエルナバカは、初夏のような爽やかな空気と柔らかな日差しに包まれていた。私たちは、待ち合わせ時間に遅刻しないよう、バスで二時間くらい早く到着し、昼食を済ませた後、指定されたカフェテリアへと向かう。

それは、世界遺産にもなっている町のカテドラルの前にあった。そのカテドラルは、一六世紀末の日本で、豊臣秀吉の命により処刑された二六人のキリシタン、つまりカトリック教徒の殉教者の姿を描いた壁画があることでも知られる。殉教者のなかには、当時、スペイン副王領だったメキシコから布教に赴いた宣教師で、後に福者となったメキシコ人が含まれていた。

古い石造りの建物に設けられた、落ち着いた感じの店に入り、コーヒーを頼んで待つ。しばらくして、いつもメディアに登場する時と同様に、茶色いカウボーイハットをかぶり、もみ上げから口の下や顎まで覆う白い髭を短くはやし、メガネをかけた詩人が、女性を伴って現れた。

握手を交わしながら、同伴者を「友人」だと紹介すると、

「誰にでもわかりやすい待ち合わせ場所として、この店を指定したのですが、実はここはあまり落ち着かないので、よかったら別のカフェに移りませんか?」

と、言う。むろんオーケーだと答えると、彼らは私たちを、裏通りにある建物の二階、中庭を見下ろすテラスにつくられたカフェへと導いた。

彼の友人は、独りで壁際の小さなテーブル席に座り、手にしていた本を読み始めた。彼女はもしかすると、彼の護衛係なのかもしれない。そしてシシリアは、私たちにどの席がいいかと尋ね、インタビュー中の写真を撮る篠田に場所を選ばせる。そして中庭側の四人がけテーブルに落ち着くと、さっそく話の態勢をとった。

カルロスをはじめ、彼を敬愛し、ともに闘うMPJDの仲間や彼の友人、同僚は、親愛の念を込めて、彼を「ハビエル」と呼ぶ。そこで私も、ここから先はそうすることにする。

「ハビエル、できればまず、あなたの息子さんが殺された経緯について話してくれませんか?」

私は、現地メディアの記事で断片的にしか知らなかった事件の真相をまず、本人の口から直接聞きたかった。メキシコシティのスラムに住む古くからの友人たちの間では、その殺害事件以降に展開してきた平和運動MPJDを通して、彼はより幅広い社会層に知られるようになったという印象が強かったからだ。詩人として、ジャーナリストとしての仕事はむろん以前から評価されていたが、MPJDを率いるようになってからの露出度は、その比にならないほどだった。何がそこまで彼を駆り立てているのか、その背後にある事件の真相を、きちんと確かめたかった。

「息子さんは、なぜ殺されたのですか?」

ストレートな問いに、ハビエルは迷うことなく、こう切り出した。

「国家が分断され、混乱しているからです」

続いて、その詳しい経緯を説明する。

「以前、ここモレーロス州には(マルコス・アルトゥーロ)ベルトラン・レイバというマフィア(ベルトラン・レイバ・カルテル)の大ボスがいました。ところが彼は二〇〇九年一二月、(海軍に)殺害されました。とたんに州内の犯罪組織は分裂し統制が取れなくなり、麻薬密輸に直接関与できない殺し屋グループで、誘拐やゆすり、人身売買などで稼いでいた連中が、力を振るい始めました」

一つの巨大カルテルの弱体化が、地域に混乱をもたらし、深刻な無法状態をもたらしたという。そんななかで、事件は起きた。

「その日、息子の友人二人はバーにいました。一人は近所の、子どもの頃から兄弟のように仲の良かった青年です。デザイナーだったのですが、飲んでいる間にバーが管理する駐車場に駐めた車のなかから、仕事用パソコンなどが盗まれました。息子は彼らとともに、友人の叔父である元軍人に相談に行きました。それを知ったバーの主人は犯罪組織の一味だったため、焦ってそのことをボスに連絡し、軍が来たらマズいからと、息子たちを殺すよう頼みました。するとボスは〝なんで盗みなんかしたんだ〟と叱りつけたうえで、三〇万ペソ（約二四〇万円）とトラック二台という報酬と引き換えに、彼らを誘拐し、殺害したのです」

またもや繰り返された理不尽な殺人。たかがパソコン一台の盗難が、若者三人の命を奪ったのだ。

「犯人はすでに全員逮捕されましたが、この事件の後、息子を含む犠牲者のための十字架が置かれたこの町の広場で、ＭＰＪＤは生まれました」

これが、ハビエルを被害者家族のリーダーへと押し上げた運動の始まりだった。

「この四年半の間、あなたはカルテルや軍、警察によって殺害された、あるいは誘拐されて行方不明の人々の家族と一緒に、国家に対して暴力の停止と、平和と正義の実現を要求するために、運動を展開してきましたが、なぜ国家を主なターゲットにしているのでしょう？」

カルテル以上に、マフィア化した国家を糾弾する彼の姿勢の背景を探る。

「カルデロン（前大統領）のしかけた戦争は、（軍や連邦警察を使って）麻薬カルテルのトップを逮捕、殺害しましたが、それは真の犯罪の成長とさらなる暴力を誘発しました」

ハビエルは、犯罪組織の論理と政府の思慮のなさについて、話し始めた。

「カルテルは麻薬を販売する企業です。彼らの商売は違法ですが、彼らにしてみれば、商売を邪魔され命を狙われたら、当然自衛する。独自の軍隊をつくる。軍隊になるのは、手下の犯罪グループで、盗みやゆすりなどをしていた連中です。麻薬戦争が進行するにつれて、彼らはしだいに単なるカルテルの軍隊ではなく、凶悪な犯罪組織に変身していきました。つまり違法薬物との戦いが、本当の戦争になってしまったのです」

この事態が、ハビエルの息子の死をもたらすことになった。

「軍がベルトラン・レイバを殺していなければ、私の息子は今も生きていると確信しています。ベルトラン・レイバは、一般市民の殺害など許さなかった。彼の家業ではないからです。(カルテルの中心的事業である)麻薬取り引きを担えない、下っ端の冷酷で残忍かつ非人間的な犯罪者たちが、殺人を行なっているのです」

それにしても、近年のメキシコの犯罪シーンは、あまりにグロテスクだ。車のボンネットに並ぶ生首、歩道橋から吊るされた死体、そんなものばかりが頻繁に、街頭で売られるタブロイド紙の一面を飾る。それを見て、「メキシコはいつからこんなに残忍になったのか?」とつぶやく人間は、そこここにいるだろう。米CNNテレビのインタビューでこの疑問をぶつけられた際、ハビエルは、「メキシコは常に残忍だった」と答えている。彼は、メキシコに平和や正義が存在しなかったと考えているのだろうか。

「平和な時もありました。残忍と表現したのは、一九一〇年に起きたメキシコ革命の流血を思い浮かべてのことです。革命時は現在のような暴力が吹き荒れ、一〇〇万人もの死者が出ました。一九三六年ごろ

「正義と尊厳ある平和のための運動」(MPJD)を率いるハビエル・シシリア.

までそんな状況が続き、その後の七〇年余りは、PRIによって〝相対的平和〟が維持されました。その間にも、一九六八年の学生大虐殺のような弾圧はしばしばありましたが、今再び社会に根付いているような残忍さや残虐性はありませんでした。この国では、いったん暴力が起きると、それはとても残虐な形を取ります」

テレビで首つり死体の映像が流れたりしても、多くのメキシコ人は平気で眺めるのだろうか。

「いえ、慣れない人間も大勢いますよ。決して受け入れられない現実です。だから、この非人間性と残忍性に終止符を打つべく、闘ってきました。しかし、これと同じことは革命当時も起きていました。ただ、当時は戦争だったわけですが、今は組織犯罪と腐敗国家がその背景となっています。メディアに残虐な写真や映像が出るのも、暴力を日常化させるための手口です。国家がメディアを操っている。残忍なものを見せられれば、人は恐怖で顔を背けたくなる。しかしそれが度を超せば、（恐怖を感じないよう）これが普通だと思い込もうとします」

ハビエルは、現実を論理的に説明していった。そして、秘密を明かすかのような慎重な口調で言った。

「人が残忍性に慣れる、ということでいえば、私はもっと恐ろしい事実を知っています」

語り出したのは、とんでもない話だった。

「表沙汰にはなっていませんが、ゲレーロ州の一部では、ロス・セタスのメンバーの間で、人食い行為が行なわれているのです。検察庁が調査できないよう、殺害相手を食べているのです。それは近年、行方不明者が増えている理由の一つでもあります。犯罪者たちは、自らの犯罪の犠牲者を焼いたり、ゴミ処理場に捨てたり、秘密墓地に埋めたり、食べたりしている。そうした非人間化は、米国がかつて（中南米の兵士を左翼ゲリラ対策のために訓練した）〝スクール・オブ・ジ・アメリカズ〟と呼ばれた軍事学校で行なっていたことです。ロス・セタスの主なメンバー（元メキシコ軍特殊部隊）はそこで訓練を受けた結果、非人間性を身につけました。それでも軍にいる間は国家に制御されていましたが、今はそれが表面化しています」

彼は、メキシコ麻薬戦争の問題があらゆる側面において、麻薬マフィアの問題というよりも、国家自体の問題だということを強調した。

「どこの国にも、マフィアはいます。日本にも〝ヤクザ〟がいます。でもヤクザは、メキシコの麻薬カルテルがやっているようなことはしませんよね。国家が統制しているからです。二〇〇〇万人の麻薬依存者がいる米国においても、麻薬カルテルがネットワークを張りめぐらせているにもかかわらず、戦争状態にはなっていません。一方メキシコでは、政府が深刻な腐敗を抱え、麻薬マフィア国家と化している。連邦政府、地方政府、あらゆるレベルで多くの人間が犯罪組織とつながっています。だから、犯罪の不処罰が日常化している。犯罪が裁かれる国家なら、たとえ麻薬カルテルが存在しても、その活動は一定範囲に限定されます。この国は、最低限の統治力と誠実さすら持たない」

厳しい目つきで言う彼に、

「その結果として、二〇〇六年一二月から一五年八月までの行方不明者は三万人近く、殺害された人も一五万人もいるわけですね。しかも犯罪の九割以上は裁かれない」

と、問うと、すぐに言葉がはね返ってきた。

「そうです。しかも実際の犠牲者数はもっと多いはずです。ゲレーロ州イグアラ地域では、失踪したアヨツィナパの学生四三人の捜索活動において、二〇の秘密墓地が発見されたといいます。全国にどれだけの遺体が埋められていると思いますか！　いつかまともな調査が行なわれたならば、出てくる数字は恐ろしいものになるでしょう」

想像がはばかられるほどおぞましい現実を前に、国民の大半は未だ、ハビエルやＭＰＪＤに参加する被害者家族のような覚悟を持って闘う気がないように、私には見えた。二〇世紀のラテンアメリカ最初の民主主義革命を戦ったメキシコ人が、なぜ今回はここまで腰が重い、あるいは引けているのか。スラムで住民運動を率いてきた友人たちのように、今も政府への抗議デモに参加し続ける人々とは対照的に、祖国の現実に無関心な多数派の存在をはがゆく思う人間は、大勢いるのではないだろうか。ハビエルにこう聞いてみた。

「なぜ無関心なのでしょう？」

彼の答えは、こうだった。

「多くの人は居心地の良い場所にいて、一連の出来事を映画でも観るかのように捉えています。それだけでなく、メキシコ社会は長きにわたって〝非政治化〟されてきました。PRIが七〇年以上の年月をかけて、市民の権利意識を奪ってきたのです。その結果、国民の八割は市民としての考えを持たなくなりました。嘆かわしいことです」

つまり、革命期のほうが、市民の政治意識が高かったということか。

「そうではありません。ただ革命期には人々が飢えを原動力とし、自らの尊厳を取り戻すために立ち上がりました。こぞって革命という物語に参加した。リーダーも数多く出現し、互いに対立したり、殺し合ったりもしました。そうして生き残ったのが、今のPRIを創った人たちです。彼らは縦割りの政治構造を築き、六年ごとに独裁者(大統領)を置き換えるPRI独裁体制を確立したのです」

PRIと米国の功罪

PRI、すなわち制度的革命党という政党の歴史は、まさにメキシコの民主政治がいかに革命を起こした民衆の思いを裏切った形で発展してきたかを物語っている。同党は、その名に「革命」の文字を持ちながら、それを「制度的」に行なうと宣言する。これほど矛盾した言葉の組み合わせも珍しい。その矛盾そのままに、PRIはメキシコ政治を非民主的なものとして完成させてきた。真に民衆の思いを理解していた革命のリーダーたち、北部の山賊の首領だったフランシスコ・ビジャや、ハビエルが暮らすモレーロス州出身の農民革命家のエミリアーノ・サパタらは、次々に暗殺され、結局、革命政権を率いて一九二九年にPRIの前身となる国民革命党(PNR)を築いたのは、地主や実業家といった裕福な指導者たちだった。

彼らは、農民の誰もが土地を所有し、社会で平等な権利を行使できるようにすることを拒んだ。それが最終的に、農民や労働者、公務員らを自分たちの都合のいい形で組合組織にまとめあげ、手中に置いて統制するPRI体制を生み出すことになった。

ファレス取材で世話になったカタリーナが、PRI支持者だった母親の思い出として、こんなことを話してくれたことがある。

「幼い頃、選挙になると、母の手伝いで、投票用紙のPRIのマークにバツ(選択した印)を付ける作業をしていました。大人になって初めて、あれはPRI支持者以外は投票に行かないので、その分を勝手にPRIに入れる不正投票だったんだ、と気づきました」

それほどまでに、PRI体制は大衆層を掌握していた。

「あなたは、〝PRIは政党ではなく、政治文化だ〟と、言っていますね？」

私は、PRI体制についてハビエルが雑誌の記事で書いていたことに言及してみた。彼は、

「それは、〝マフィア的縦割り政治文化〟です」

と、笑った。

「この国は〝自由主義国家〟というものを、未だに理解していません。政府は常にスペイン王権のように振る舞う。PRIは国家が自分の私有財産であるかのように統治してきました。それが二〇〇〇年の野党勝利(PANのビセンテ・フォックスが大統領に就任)によって変わってから、現在のような混乱状態に陥ってしまった。〝大統領〟という名の大ボスがマフィアも政治腐敗もコントロールしていた体制が崩壊したのです」

国家のコントロール力が失われたことを示す出来事として、あの映画『カルテル・ランド』で描かれたミチョアカン州の自警団の話も出た。

「ミチョアカンの問題は、非常に複雑です」

少し間を置いて、続きを語る。

「あの地域には、昔から小さな麻薬生産農家がたくさんありました。ベトナム戦争の際には米国が、兵士に与えるモルヒネ(アヘンから抽出される化合物。鎮痛作用がある)やマリファナを必要としていたため、ケシやマリファナの生産を容認し、麻薬密輸組織を通じて大量に輸入していました」

需要と生産のバランス原理だ。

「ところが九〇年代、新自由主義が台頭すると、問題が生じました。麻薬密輸組織と生産農家が深く結びつくようになったからです。新自由主義経済の拡大に伴い、麻薬の需要が急増すると、生産農家はビジネスのために、広大な農地を手に入れ、大量生産を始めました。そうしてしだいに麻薬組織へと成長していきました。そこへ別の地域からロス・セタスがやって来ると、彼らは自衛のために武装しました。そうしてカルテル、ファミリア・ミチョアカーナや(その分派)カバジェロス・テンプラリオスが生まれたのです。ロス・セタスに対抗するためにできた地域の自警団が、それと同じく凶悪な犯罪組織に変質したわけです」

ここから先が、映画のストーリーにつながる部分だ。

「カバジェロス・テンプラリオスはやがて、州の七割を支配するようになります。すると今度は、その強引なやり方にうんざりした小さな麻薬生産農家が新たな自警団を組織しました。政府は彼らを讃え励まし、カルテルをある程度追い出すことに成功したのを見届けると、すぐに自分たちの側に取り込み、警察組織の一部としてしまいました。〝暴力の独占〟の論理です。自警団の司令部のなかでこれに反対したのは、ホセ・マヌエル・ミレーレス医師だけでした」

その結果が、映画の最後に示されたミレーレス医師の姿、つまり「武器の不法所持」という理由で逮捕されるという結末だという。

「私は彼をよく知っていますが、無実だと思います」と言うハビエルは、ミレーレスのことを、こう語る。

「若い頃は、米国が買ってくれるので、生活のためにマリファナを売るようなこともしていましたが、医者になってからはまじめに働いていました。連邦検察庁は、彼がカルテルとつながっているなどと言っていますが、私は検事に〝あなた方は犯罪をでっち上げている〟と言ってやりました」

メガネの奥の目を、愉快そうに細めた。

「ＰＲＩの政治文化」に話を戻して、もうひとつ、気になっていることを尋ねてみる。

「あなたは、市民も他政党もＰＲＩの政治文化に染まっている、とも話していますよね」

すると、今度は皮肉っぽい眼差しで、

「人々は、〝権力の座に就いた者には盗む権利がある〟と思っています。権力は、盗みと不処罰が容認される場だということが、どの政党においても当たり前となっているのです」

と、自国の民と政党に対する辛辣な批判を吐いた。実際、ＰＲＩではない野党側でも、カルテルとのつながりや賄賂、横領問題で追及されるケースが浮上している。「盗む権利」は野党においても日常化し、地方政府を担うほとんどの政党がどこかでマフィアと組んで統治しているということになる。あのブスカグリア博士も、「メキシコの既存政党の選挙資金の六割前後は、組織絡みだ」と話していた。それはまさに、マフィア化した国家だ。

メキシコの国家体制と並び、ハビエルが厳しく批判しているのは、メキシコの麻薬生産を必要とし支えてきた、「麻薬消費大国」の米国だ。

「二〇一二年、あなたはＭＰＪＤを率いて、米国を横断するキャラバンを実施しましたが、その目的と成果を教えてください」

私は、米国を自らの足で歩き、米国の人たちに被害者家族の声を届け、対話をした彼の胸のうちを知りたいと思った。それに応えてハビエルが、キャラバンの目的とその時の体験、そこから得た考えを話してくれる。

「私たちは、麻薬戦争の責任の一端は明らかに、米国にあると考えています。米国は(軍事協力により)メキシコ政府の麻薬戦争に加担しています。一方、国内では銃器の自由な販売と所持を許し、カルテルの武器入手を容易にしています。〝銃器〟と〝麻薬撲滅〟という材料が揃えば、メキシコのような腐敗国家で戦争が激しくなるのは、当然の結末です。メキシコは米国への麻薬移動ルートなのですから。だから私たちは米国市民に、彼らにも私たちの死者に対する責任があると伝えに行ったのです。そして銃器を規制し、虐殺の波を食い止めるよう、頼みました」

さらには、「麻薬の法的管理・統制も訴えた」と、続ける。

「麻薬問題は治安問題ではなく、保健医療問題です。ただ禁止するのではなく、管理・統制する法律をつくることが重要です」

彼らがキャラバンを実施した後、米国では、コロラド州、オレゴン州など、いくつかの州で医療用マリファナなどの合法化が進んだ。

米国との関係においては避けられない「移民問題」についても、「米国の人たちと話した」と言う。

「麻薬戦争は、移民も傷つけています。米国ではそもそも移民は歓迎されません。不法移民でメキシコ人なら、誰もが麻薬密売に関わっているとして犯罪者扱いされます。この傾向は、黒人にも被害を及ぼしています。米国では貧しい黒人層は常に迫害され、市民権を奪われてきました。そこへ麻薬や銃の問題が絡んできたことで、黒人を犯罪者扱いする意識が強まっています」

銃規制については、独自の見解を持つ。

「ホワイトハウスでは、銃規制も議題に上ってきました。オバマ大統領(当時)はその先頭に立っていますが、こうした法案を支持する米国の団体の多くが、私たちのキャラバンに参加してくれました。メキシコ政府も、銃規制の問題を二国間協議のテーマとして取り上げるよう、米国に圧力をかけるべきです。ところがペニャ・ニエトは、そうしない。それどころか、国内での麻薬の管理・統制すら議論しません。麻薬の合法化をタブー視することで、麻薬問題を治安問題化し、戦争を続けようとしているのです」

ハビエルは、権力者たちがマフィア国家を維持することで自分たちの利害を守ろうとしていることに、深く憤っていた。

アヨツィナパ・ケース

マフィア国家の存在を国民に思い知らせたのは、カウセのリセットが高校生との対話集会で触れ、ハビエルも言及した出来事、二〇一四年九月二六日にゲレーロ州イグアラで起きた、アヨツィナパ師範学校の学生四三人の誘拐・失踪事件だ。一般に、「アヨツィナパ・ケース」と呼ばれている。

首都メキシコシティの南西、約一九〇キロに位置するイグアラで、学生たちはこの日、毎年一〇月二日にメキシコシティで行なわれる、「トラテロルコ三文化広場における学生虐殺事件」を記念するデモに参加するために、バスを調達し、首都へ向かおうとしていた。トラテロルコの事件は、真の民主化を求める学生運動が盛んだった一九六八年に、当時のディアス・オルダス政権――これもPRI政権――が、軍や警察を動員して、平和的なデモを実施するために集まっていた学生を何百人も殺害し、弾圧したことで知られる。その記念デモに参加することは、貧しい農村部の子どもの教育に貢献するために学ぶ師範学校の学生たちにとって、真の民主主義の実現を願う象徴的な行為だった。だが、貧乏でバスをチャーターする資金を持たない彼らは、町で長距離バスを止めては、運転手に首都まで乗せて行ってくれるよう、要請した。

そんな学生たちが深夜、複数の大型バスに分乗して移動中、地元警察に行く手を遮られた。その際、警官の発砲で学生三人が死亡。と同時に、別の場所でも犯罪組織と見られる武装集団の銃撃にあった市民が三人、死亡する。そして学生四三人が姿を消したのだ。

一度に大勢の若者が失踪したことに衝撃を受けた市民は、彼らの親たちとともに、各地で政府に早急な捜索を要求する大規模デモを展開した。そのため政府は、早く何かしらの対応と捜査の成果を示す必要に迫られる。その結果、同年一一月上旬までに、事件の首謀者として、学生たちに汚職を糾弾されていたイグアラ市長夫妻が、実行犯として地元警察と麻薬犯罪組織「ゲレーロス・ウニードス」のメンバーらの計七四人が、逮捕された。

二〇一五年一月には、連邦検察庁の検事総長が、事件の「真相」について大々的な記者会見を開く。大画面モニターに「犯人」の写真を映し出し、彼らの証言にもとづく「事件の経緯」を説明したのだ。その結論は、「学生たちは、ゲレーロス・ウニードスに殺害され、郊外にあるゴミ集積場で焼かれた」というものだった。ところが、九月になって、その「真相」がでっち上げだった可能性が浮上する。第三者として同事件を調査していた「米州人権委員会」(CIDH)所属の「独立専門家学際グループ」(GIEI)が、検察が示した「真相」には多くの矛盾点があると発表したからだ。

GIEIは、学生たちが誘拐された後に、「殺害されてゴミ集積場で焼かれた」と証明できる事実はない、とした。ゴミ集積場で火をつけて遺体を焼いたとしても、その夜は雨が降っていたため、検察が証拠として保管しているような灰になるほどの火力は出ないという。

最悪なのは、「犯人」とされる男たちが、実は拷問によってニセの証言を強要された疑いがあるということだ。検事総長による記者会見の日に写真が示された男たちは皆、体の四〇カ所以上に拷問の後とみられる傷を持つことが確認された。しかも、『プロセーソ』誌が行なった「犯人」の家族への取材によれば、彼らは犯罪組織のメンバーではなく、貧しい左官工や建設労働者といった貧困家庭の青年で、政府の貧困層支援プログラムの恩恵を受けていたために当局に素性がよく知られていて、「身代わり」に選ばれたと考えられた。そのうちの一人は、家族に、二〇一四年一〇月二六日に検察の役人によって自宅から連行された後、「言う通りに証言しなければ家族に危害を加えると脅された」と話している。

彼らの証言記録を細かく見ていくと、たとえば「犯人」が拉致した学生を連れて車で移動したと話している時刻が事件発生前だったりと、矛盾した内容が複数あるという。にもかかわらず、検察はすべてが明白な事実であるかのように「真相」を語り、事件に終止符を打とうとした。

そしてもう一つ、検察が隠していた重大な事実がある。それまで「学生たちは四台のバスに分乗していた」とされていたが、本当はもう一台あったというのだ。そのバスには、「ゲレーロス・ウニードス」が積み込んだ密輸用麻薬が隠されていた可能性があるという。だが、そのバスが映った監視カメラの映像は、なぜか消し去られていた。

検察は、そして政府は、いったい、何を隠そうとしているのか。隠蔽工作とも考えられる一連の出来事の背後には、軍の存在があると、『プロセーソ』誌は指摘する。二〇一六年九月の同誌の記事によると、複数の関係者の証言と事実関係をもとに検証した結果、事件当時、地元警察の動きを指揮していたのは、イグアラに駐屯する政府軍だという結論に達したという。政府とつながりの深い軍人らが関与していたため、それを隠蔽するために、地元警官やまったく無関係な市民を犯人に仕立て上げたというのだ。

同じような隠蔽事件が、ほかにも発覚している。二〇一五年一一月には、首都の南にあるモレーロス州の検察庁が、失踪者を含む一五〇の遺体を、違法かつ秘密裡に埋葬したことが大きな問題となった。この件では、ハビエルも抗議行動を起こしている。

「歴史的真相」が実は「歴史的大嘘」だったことは、メキシコ社会全体に衝撃を与えた。政府は平気で国民を騙し、検察は犯罪被害者のためには働かず、検事総長の言葉は嘘ばかりで、信用できない——。もしそれが現実ならば、真実を知る唯一の方法は、市民自身の手による捜索だけだ。そう考えた失踪者の家族たちは、独自の捜索活動を始めた。

失踪者の家族たち

アヨツィナパ・ケースで失踪した学生四三人の親たちは、息子たちの失踪以来、団結し、捜索活動を求める運動を不屈の精神で展開し続けている。そして、彼らに連帯する市民とともに、毎年、失踪事件が起きた九月二六日には、メキシコシティで大規模なデモと集会を行なう。デモが通るレフォルマ通りに建つ連邦検察庁の前には、失踪した学生たちの写真が貼られたテントが常設されており、同じ通りの分離帯には、43という数字をかたどったモニュメントもある。この事件を忘れないことが、正義と人間の尊厳、民主主義と平和を求めるすべてのメキシコ国民の決意の象徴となっている。

アヨツィナパ・ケースの親たちだけでなく、捜索活動に奔走する失踪被害者家族のグループは、全国各地に複数ある。その一つが、「イグアラのほかの行方不明者たち」だ。グループ名に「ほかの」という言葉が入っているのは、世間で広く注目を集めた学生四三人以外にも、大勢の誘拐・失踪の犠牲者がいることを訴えるためだ。同グループには、イグアラとその近郊での失踪者を探す家族が参加している。

私と篠田が彼らの存在を知ったのは、二〇一五年九月にメキシコシティ博物館の中庭で開かれた、失踪被害者の家族たちの集会に参加した時のことだ。その集まりには、全国二三州にある被害者家族団体はもちろん、誘拐犯に脅迫されて米国へ避難している人々や、中米からの移民としてメキシコに来て失踪した人の家族など、実に七〇を超える失踪被害者家族団体の代表が参加していた。加えて、人権問題に深く関わってきたシシリアのような著名人や、アヨツィナパ・ケースの再調査を進めるＧＩＥＩのメンバー、内務省の役人、野党の議員らも顔を揃えた。彼らは、失踪被害者の権利保障と救済のための法律について話し合おうとしていた。これまで政府は、失踪者の捜索にまじめに取り組んでこなかっただけでなく、家族を探す人々の身の安全や心のケアなど、おかまいなしだったからだ。

数百人の被害者家族が見守るなか、中央にロの字形に設置されたテーブル席の一辺に並んでいる被害者家族の代表は、立ち上がると、正面に並ぶ役人や議員をまっすぐに見据えて、強い口調でこう述べた。

「私たちは今日ここでみなさんに、私たちが考える〝失踪法〟の内容に関する意見書を提出します。これは私たちが長い間、団結して、デモを行ない、闘い続けてきた経験から生まれたものです。法律は、失踪被害者、特に強制的失踪の被害者の権利を十分に考慮し、保障する内容でなければなりません。被害者の人格、その人がすぐに捜索される権利を保障しなければなりません。それは被害者に代わって、家族が行使できる権利であり、家族は正義と真実、家族の再生を手にする権利を保障されなければなりません。つまり〝被害者〟という定義には、失踪者本人だけでなく、その人と愛情によるつながりのある家族、人々すべてを含まなければなりません」

それから、法律によって保障されるべき権利を具体的に挙げた。――真実を手にする権利、社会と被害者が正義を得る権利、記録される権利、参加の権利、教育と医療サービスと住む家と職を手にする権利、安全を保障され、必要な援助やケアなどの支援を受ける権利。

議員や役人を前に，失踪被害者家族団体の人々が，その権利を訴える．

「これらの権利は、被害者が、なかでも子どもたちが、これ以上のダメージを受けないために、必要なものです。失踪被害者一人ひとりが、その必要に応じた支援を受けられるような社会的プログラムも、つくらなければなりません。そのプログラムの対象には、移民も含まれます。そしてまた、失踪した家族の捜索を効果的に進められるよう、被害者家族は捜索方法に関する知識や技術を教わる機会を得ることを望みます。心身に受けた傷、物理的、経済的損失などを癒し、回復するための支援も必要です。特に、強制的失踪の場合は、政府が全国でそうしたサービスを保障すべきだと考えます。そして、家族は失踪者がどうなったのかをきちんと知る権利を持ち、もし死亡していた場合は、その遺体を引き取る権利を有します――」

先住民の血を色濃く感じさせる顔立ちの女性は、淡々と、しかし明瞭に、被害者家族団体が共同で仕上げた声明文を読み上げていった。それは、これまで警察や検察、裁判所、そして政府に裏切られ続けてきた人々の、怒りと悲鳴と懇願が入り交じった、しかし論理的で当然の要求の表明だった。

その言葉を受け、別の女性が、こう続ける。

「この声明を通して、被害者家族は、自分たちの声が法律にきちんと反映されることを要求します。そのために、私たちは政府が被害者家族の団体、この問題に関わる市民団体、人権組織、議員らすべてと対話をすることを要求します。この集会の後にも、これらの提案をどう実行していくかについての意見書を、みなさんにお届けする予定です。そうやって私たちは、この法案作りに参加し続けます。なぜなら、私たちの家族は、生きたまま誘拐されたのですから」

「生きた姿で返せ！」

彼女の背後にずらりと座っている被害者家族が、いっせいに叫ぶ。

「生きたまま連れ去られたのだから、生きた姿で返せ！」

静かにテーブルを囲んで着席しているスーツ姿の議員や役人とは対照的に、Tシャツやセーター、スポーツジャケットや民族衣装風のショールなどを身につけた男女が、すっくと立ち、失踪した家族の写真を掲げて、同じフレーズを大声で繰り返す。普段は静かな博物館の中庭が、異様なほどの熱気に満ちる。

私は、家族の消息を知りたい一心でこの場に足を運んできた人々の、限りなく絶望に近い悲しみと怒りにエネルギーを得た訴えに、しばし言葉を失っていた。私自身が、彼らの心の奥底まで知ることは、恐らく不可能なのかもしれない……。が、その複雑で、当事者にしかわからないであろう感情を、少しでも汲み取り、事態をより正確に理解するには、直接話をして対話を積み重ねるしかないだろう。ぼんやりと、そんなことを考える。

これまで被害者家族の声に応えられず、あるいは応えようとせずにきた議員や役人たちは、この場面に立ち合いながら、いったいどんな感情を抱いているのだろう。彼らのさほど大きく変わらない表情から、それを読み取ることは難しかった。

「正義を！　正義を！」

司会を務める市民団体の男性が、次の段取りへと進めようとするなか、人々はそう叫び続け、やがて会場はもとの静寂を取り戻した。

「ありがとうございました。次にGIEIのカルロス・ベリスタインさんに、ひと言お願いします」

司会に促され、GIEIを代表して出席しているベリスタインが起立した。拍手を受けながら、マイクを握る。彼らの調査の公平さと緻密さは、アヨツィナパ・ケースの調査で広く知られ、認められている。メキシコで家族が行方不明になっている人たちにとっては、救いの主だ。

ベリスタインは、集まった人々全体を見渡し、ゆっくりと話し始めた。

「この会場は今、深い痛みと明白な意志に包まれています。私たちはアヨツィナパ・ケースの調査を実施してきましたが、この仕事は被害者家族の協力なくしては、実現できませんでした。失踪事件、特に強制的失踪の場合、被害者家族による、こうした積極的な調査協力が非常に重要です」

それから一呼吸おいて、こう続ける。

「強制的失踪は、常に裁かれるべき犯罪です。と同時に、その犠牲となった人の家族の苦しみも、常に続くものです。失踪者の捜索と事件の解明には、被害者と市民団体、国家が協力し合うことが重要であることは、世界で起きている同様の例がはっきりと示しています。それがうまくいってこそ、物事がうまく運ぶのです」

その言葉は明らかに、「協力」を否定してきた国家に向けられていた。ＧＩＥＩのアヨツィナパ・ケースの調査は、あらゆる場面で、国家機関による証拠隠しやでっち上げによって邪魔をされてきたからだ。国家の協力姿勢が示されない限り、失踪事件の真相が十分に明らかになることはない。

このスピーチに続いて、会場に集まった被害者家族団体の名称と所在地名が、一つひとつ紹介された。それを聞いていると、麻薬戦争がもたらした失踪事件が、どれだけ広い地域の住民を巻き込んでいるかを、思い知る。その後に、カウセを含む、被害者家族を支援する数々のＮＧＯの名が読み上げられた。

三分以上かけて、被害者家族団体と支援団体、すべての名前を読み上げると、司会は被害者家族団体の代表に、彼らがまとめた、強制的失踪に特に焦点をあてた失踪被害者のための法律案を、議員や役人たちに手渡すよう促した。その儀式の最中、被害者家族たちが再び大合唱を始める。

「(被害者の)家族抜きで、決めないで！　家族抜きで、決めないで！」

その声が、議員らの脳にしっかりと刻まれたかどうかは、やがてわかるだろう。

集会の後、私は被害者家族の何人かに声をかけ、話を聞いた。そのなかに、「イグアラのほかの行方不明者たち」のメンバー、マリア・デ・ヘスス(三二歳)がいた。彼女は、アヨツィナパ・ケースが起きたのと同じゲレーロ州イグアラの近辺では、さらに多くの人たちが失踪しており、自分たちはそうした被害者の家族三〇〇以上が集まってつくったグループだ、と言った。

「イグアラには何千人もの失踪者がいます。師範学校の学生四三人だけではないのです」

彼女の弟、アントニオ(失踪当時二七歳)も、そうした失踪者の一人だ。彼は二〇一二年一〇月、仕事に出かけたきり、戻らなかった。左官や電気工など、様々な仕事をこなして生計を立てる、三人の幼い子どもたちの父親であり、夫だった。失踪した日、彼はいつものように、いくつかの仕事をかけ持ちでこなすために、朝早く家を出た。

「いつもいろいろな所へ仕事に行くので、その朝どこへ向かったのかはわかりません。目撃者も今のところ、いないんです。州検察庁に捜索願いは出してありますが」

捜索に進展はあるのかと尋ねると、

「いいえ。何もしてくれていません。だから捜索は私たち自身で行なっているんです」

と、即答する。連邦検察庁がかろうじて、遺体や遺留品などの鑑定はしてくれるが、失踪した人間がどこにいるのかの捜索は、いっさい、行なってくれないという。

「だから、私たちは、丘や森へ行き、失踪した人の持ち物や遺体、骨など、何か手がかりになるものがないか、探して歩いているんです。私は弟を探しているんですが」

弟が誰に誘拐されたのかも何もわからず、手がかりがないなか、捜索はまさに家族の愛と執念だけに支えられていた。

「私と父、それに弟の妻が捜索活動に参加しています」

そう話す彼女に、地元の警察には捜索依頼を出したのかと尋ねると、即「いいえ」と、否定した。それは、彼らが犯罪に加担している可能性があるからか、と問うと、

「まさにその通りです。信用できないんです」

と、苦笑する。

彼女たちが行なっているという「家族による捜索活動」に興味を持った私は、その様子を取材させてもらえないか、聞いてみた。が、現在は雨季で、山や森、丘を歩きまわり、土を掘り起こす作業をするのは困難なため、休止期間だという。

失望する私に、マリアが、

「でも、毎月最後の火曜日に集会を開いているので、それに出ることはできますよ。これまでの捜索活動で骨や遺留品を発見した場所を案内することも可能です」

と、提案してくれる。

私は「ぜひお願いします」と答え、彼女の携帯電話番号をもらった。

家族を探す

九月二四日、マリアたちの集会を翌週に控え、私は日程を再確認しようと、電話をかけてみた。するとマリアが、

「火曜日ではなく、水曜日、三〇日に来てください。米州人権委員会の人たちが来ることになったので、一日、予定をずらすことになったんです」

と、言う。どうやら彼女たちのグループの捜索活動の成果を聞きつけたCIDHが、被害者家族への聞き取り調査の実施を決めたらしい。

九月三〇日、まだ地下鉄の始発が走り始めてまもない早朝の闇のなか、私たちはメキシコシティの南バスターミナルから長距離バスに乗り込み、約三時間かけて、イグアラにたどり着いた。そこは二年前にも

訪れたことがある町だ。以前も触れた、江戸時代の初めに伊達政宗が欧州へと送り出した「慶長遣欧使節」が滞在したことから、その足跡をたどる取材で来た。が、今回、バスを降りて集会の会場となっている教会を探しながら歩き始めると、その景色が前回とは違って見えた。

二年前、この町はまだアヨツィナパ・ケースを経験しておらず、世間もマスコミも、そこが危険な場所だという認識を持たなかった。むろん、マリアの弟の話からも想像できるように、現実はイメージと異なり、すでに数多くの失踪事件が起きていたわけだが。知らぬが仏で、特別な警戒心も持たず、観光気分で日曜日、町の中心に建つカテドラルに集まる人々の写真を撮った。当時から、「アカプルコとメキシコシティの間を走る高速道路には時々、カルテルの手で殺された人間の死体が転がっている」などといううわさはあったが、イグアラとカルテルの関係までは、さほど語られていなかった。

朝一一時すぎ、バスターミナルから町外れの人通りの少ない住宅街を、ジグザグと六ブロックほど歩いた所にある古い教会に着くと、建物の裏手にある広場に、椅子を並べて何人かが座っていた。意外とのどかな雰囲気だ。マリアを探していると、教会の地下にある集会室に続く階段を上がってきた。

「今、CIDHの聞き取り調査の準備をしているんです。まだ時間があるので、このあたりにいる人たちに話をきいていてください」

そう微笑みかける。と、近くにいた女性が、「私でよければ、お話ししますよ」と声をかけてくれた。

彼女の名は、イルマ・ビジャーダ(三六歳)。夫(失踪当時三五歳)を探しているという。

「二〇一三年から行方不明なんです。乗り合いマイクロバスの運転手で、仕事の最中に乗客ごと消えてしまいました。ちょうど襲われる直前にバスを降りた客が知らせてくれたのですが、その人も犯人の人数や風貌は話してくれませんでした。犯人からの報復を恐れてのことでしょう。州検察も何もしてくれませんし」

落ち着いた様子で語る。具体的な手がかりのないなか、彼女は義母(五四歳)とともに、「イグアラのほかの行方不明者たち」に参加して、同じ境遇の人たちと捜索活動を進める。

「恐怖心はありますが、何も悪いことをしてはない私たちが逃げるのもおかしいですから、信じることを続けるまでです。となりの建物に、私たちのグループに参加している人たちの、失踪した家族の顔写真が貼ってある壁があるんですよ。見に行きますか?」

イルマはそう言うと、私たちを、教会の敷地内の低い塀の向こうにある、建物へと案内した。

そこは以前、教会の集会場として利用されていたが、少し前のハリケーンで水道などの設備が一部壊れてしまい、放置されていた。入ると、コンクリート造りのがらんとした広い空間の左手の壁一面に、フルネームと失踪した年月日が書かれた男女の顔写真が並んでいた。

「これが夫のアレハンドロです」

と、イルマが一つの写真を指差す。そこに貼られている写真は全部、このイグアラ地域で失踪届が出ている人たちのものだという。

そこへ、私たちが来る前からそこにいたらしい別の白人系の中年女性が、「ジャーナリストですか?」と話しかけてきた。彼女も、マリアやイルマらのグループの一員だ。

サンドラ・フローレス(四五歳)が探しているのは、一九歳の娘と三歳の孫だった。

「この写真が娘です」

教会の元集会場の壁には，イグアラ地域で行方不明となった人々の写真が貼られていた．

それは、壁に貼られた写真のなかでも、ひときわ目立つものだった。写真が大きいこともあるが、何より写っている女性が若く美しい。

「娘は犯罪組織のメンバーとは知らずに一緒になった男から逃れようと、孫娘と一緒にウチに戻ってきていたんです。ところが、私が留守の間にさらわれてしまいました。連れ去ったのは地元警察の人間です。娘の夫の父親は公務員なのですが、地元警察や犯罪組織を動かし、誘拐を行なっているんです」

サンドラは、低く抑えた声で、息もつかずに話した。

「あの男が黒幕だということは、多くの人が知る事実なんです。でも、怖くて誰もそれを口外しません。私が娘たちの失踪を州検察庁に届け出て捜索を始めると、〝やめなければ命はないぞ〟と、直接脅しにきた人間もいます」

彼女は日常的に電話による脅迫を受けたり、あとをつけられたりしている。それでも捜索活動をやめる気はない。

「あの男(娘の夫の父親)は、この壁に写真が貼られている人たちの何人かの誘拐にも関わっているに違いないんです」

サンドラの言葉は、確信に満ちていた。

彼女たちと連れ立って、教会の建物のほうへ戻ってくると、マリアがＣＩＤＨの聞き取り調査の準備をしていると話していた地下の集会室のほうが、何やら慌ただしくなっていた。テレビ局や新聞、雑誌の記者たちも一〇人近く来ている。どうやらＣＩＤＨの聞き取りが始まっているようだ。記者の一人に状況を確かめると、聞き取り調査の間は、個人情報の秘密厳守のためにメディアは入れないが、ある程度、作業が終わった時点で、地下へ行く許可が出ることになっているという。

私たちはしばらく雑談をしながら、その時を待った。ようやく許可が出て行ってみると、ＣＩＤＨのメンバーが二人一組でノートパソコンを手に数カ所に分かれて、被害者家族にインタビューをする姿があった。なかには、涙にむせびながら証言をする若い女性もいる。

数分後、その光景は、ＣＩＤＨ代表の記者会見に変わり、幾つもの生々しい証言を聞いた彼らは、その情報の貴重さを強調し、被害者家族の求める正義が実現されるよう、全力で政府に働きかけることを約束した。

会見の後、地下集会室から地上に出た私たちに、マリアが、「これからＣＩＤＨ代表と一緒に、これまで私たちが捜索してきた現場に行きますから、一緒に行きましょう」と、声をかけてくれた。数分後、「イグアラのほかの行方不明者たち」メンバー十数名がピックアップ・トラックなどに乗り込み、ＣＩＤＨ代表の車を案内して、捜索現場の一つへと向かう。私たちもその一台に乗る。同じトラックの荷台にいる人々は皆、自分が探している家族の写真を首からさげている。

車の列は、連邦警察のパトカーに先導されて、町の南のほうへと進んでいった。住宅地の脇を通りすぎ、荒地のような郊外の小高い丘にのびる砂利道を行く。教会を出てから、約二〇分。背の低い木と雑草ばかりおい茂る寂しい場所まで来ると、思い思いに駐車した。

車を降りて、草むらへと分け入って行く。人の列に続いて低木の間の草地を進むと、その先に何カ所か、地面が少しくぼんだ場所があった。

「ここでは、私たちのグループのメンバーの息子さんの遺体が発見されました」

一カ所を指差して、ジーンズを履いたすらりと背の高い男性が、ＣＩＤＨメンバーに話をする。一緒にトラックに乗ってきた人たちに、その男性の素性を尋ねると、マリオ・ベルガラ（四〇歳）という「イグアラのほかの行方不明者たち」の捜索チームのリーダーだという。彼のそばでは、指し示された場所に眠っていた犠牲者の母親が、静かに地面を見つめている。

「この丘をずっと向こうから、目を皿のようにして地面を見ながら、歩いて痕跡を探したのよ」

私のすぐ近くにいた女性たちが、そう教えてくれる。

マリオの説明によると、この丘では計一八人の遺体が見つかったが、メンバーが探している家族かどうかわかったケースは、まだ先述の一体だけ。見つけた遺体を掘り起こし、調査、鑑定するのは検察の仕事であるため、その作業がなかなか進まないのだという。それでも「イグアラのほかの行方不明者たち」は、この時点で、全国にある失踪者捜索グループのなかで最も多くの遺体を発見しており、その成果がほかの被害者家族に勇気を与えていた。

現場訪問の後、教会に戻った私たちは、CIDH代表を案内していたマリオ・ベルガラにインタビューを申し込んだ。が、来ていたメディアがすべて、彼のコメントを求めて殺到していたので、ひと段落着くまでの間、別の人にインタビューをすることにする。相手はCIDHによる聞き取りの際に、泣いていた女性だ。

「父と一緒に、兄を探しているんです」

彼女(三五歳)はまだ興奮冷めやらぬ様子で、そう話した。兄は警官で、二〇一三年五月から行方知れずだという。彼は失踪当日、母親を訪ねた後、妻と夕食をとると言って出て行ったきり、消えてしまった。

「あのアヨツィナパ・ケースで、犯人として捕まった人の一人が、別の機会に警官が一人殺され埋められたと証言したんです。それが兄ではないかと思います」

一つ違いで唯一のきょうだいである兄の失踪は、彼女の心に重くのしかかっていた。

その話を聞き終えた頃にようやく体があいたマリオに、さっそく話を聞く。

捜索活動の先頭に立つマリオは、どのような経緯でグループができたのかを、まず説明してくれた。

「アヨツィナパの学生の失踪事件が起き、イグアラでもその解決を求めるデモが大々的に行なわれました。それに参加した私の妹は、〝私の兄も行方不明だ〟と書かれたプラカードを掲げて歩きました。すると、自分の家族も行方不明だという人に、大勢出会いました。それまで犯人の仕返しが怖くて沈黙していた人々が、四三人の事件をきっかけに、声をあげ始めたのです。そうして同じイグアラ地域で家族が失踪している人たちが、この教会に集まるようになり、やがてグループができました」

マリオの兄は、二〇一二年五月五日、妹の誕生日の食事会に出席するために家を出て以来、連絡がとれ

失踪被害者の遺体の発見された場所で話をするマリオ(左手前)と CIDH 代表(中央の女性).

なくなった。その後、誘拐犯から身代金三〇万ペソ(約二一〇万円)の要求電話がかかってきた。対応に悩んだ家族は、この件を検察庁の誘拐対策ユニットに相談したが、ほとんど助けは得られなかった。

「テレビで観るように、ハイテクを駆使して犯人の居場所を突き止め、兄を救い出してくれると思っていたのに。彼らはただ、私に犯人からの電話にどう受け答えしたらよいかだけ教え、兄の生存が確認されるまではお金を払うなと助言しただけでした。私はその通りにしましたが、兄は今も行方不明のままです。だから私も妹も、自力で捜索することを決心したのです」

最初は一〇人にも満たなかったグループは、しだいに仲間を増やし、二〇一五年九月時点で三八〇人となった。マリオは言う。

「本当はその何倍もの人が行方不明の家族を探したいはずですが、その多くは犯人による脅迫や仕返しが怖くて、なかなか声をあげることができないのです」

勇気を持って立ち上がった人々は、だから、団結して行動することにした。マリオによると、グループのメンバーが探している失踪者には、上司の命令で犯罪に関わっていた警官などもいる。あの泣いていた女性の兄も、そうだ。

「メンバーが探している家族は、善人ばかりではありません。それでも家族がいなくなった痛みは同じなので、一緒に闘っているのです」

同じ痛みを抱える人々は、二〇一四年一一月から一五年八月までの約九カ月間に、イグアラ周辺で遺体を一〇四体、発見した。

「このゲレーロ州で長年、政府の不正と闘ってきたミゲル・アンヘル・ヒメネスという人が、教えてくれたのです。その気があるなら、まず町の外に出かけ、荒れ地や森で地面が凹んでいる所がないか、表面の土の色が違う所がないかを探しなさい、と。そうして遺体が埋められている可能性がある場所を見つけ、土中に長細い鉄の棒を突っ込んでは引き出し、臭いをかぎます。腐敗臭がすれば、そこに遺体が埋められているのです」

話に出てきたミゲル・アンヘル・ヒメネスは、ゲレーロ州の社会運動の先頭に立っていた人物で、学生四三人の捜索のためにイグアラを訪れた際、マリオたちに遺体捜索方法を伝授した。が、それから約一〇カ月後に、何者かに暗殺されてしまう。

同じ目にあうのではないかという恐怖と闘いながら、マリオたちは、町の周縁部に暮らす住民たちから提供される情報を頼りに捜索場所を決めては、活動を続けている。報道で彼らの活動を知った人が、不審なことに気づくと知らせてくれるようになったからだ。ただし、それは「あの丘」、「あの森」といった大雑把な情報で、特定の場所を示してはくれない。情報提供者も、知らせたことが「犯人」にバレて殺されるのが怖いからだ。

「私たちも捜索中に武装集団に出くわすなど、怖い思いをしたことがあります。だから捜索のために家を出る際はいつも、家族と最後の別れの言葉を交わすのです」

マリオは、やや興奮気味にそう告白した。

行方不明となっている家族を命がけで探す人々は、ただ家族を見つけたいのではない。

「この国では、何もしなくても、連れ去られたり殺されたりするんです。だったらいっそ、意味のある殺され方をしたい。おかしな社会を変えるために声をあげ、闘って死にたいのです」

マリオは自らの心情をそう表現する。それは恐らく、現在闘っている被害者家族の大半が共有する思いだろう。また、こうも言う。

「私たちがやっていることは、政府がどれだけ腐っているかを可視化するためにも、役立っています。問題に気づき、変革を起こす闘いを始めなければ、子どもたちに未来はありません。たとえ私たちが死ぬことになっても、今闘いを始めることで、何十年か後にはきっと、メキシコの市民も自由で平和な生活を享受できるはずです」

彼らと同じ思いに突き動かされた人々は、全国にある行方不明の家族を探すグループ、計四二団体をつなぐ「全国行方不明者捜索リンク」をつくった。その代表を務めるフアン・カルロス・トゥルヒージョ(二七歳)も、失踪した弟四人の行方を追っている。この日、CIDHの訪問に合わせてイグアラに来ていた彼は、同「リンク」の意義を、こう述べる。

「現在のメキシコには、正義がありません。そんななかで、私たちが自ら結束して捜索活動を行なうことは、この国の司法制度に風穴をあけると思います。そして、国の変革を促すはずです」

フアン・カルロスは、ハビエル・シシリアが率いるＭＰＪＤに参加するなかで、市民運動の展開の仕方を学んだという。

被害者家族を中心に広がる平和と正義と民主主義政治を求める運動は、ゆっくりだが、一人、二人と確実に、新たな市民を巻き込みながら、マフィア国家の現実を変えるための歩みを進めていた。

4

マフィア国家の罠

La trampa del Estado Mafioso.

失踪した少女や女性たちを描いた壁画.（シウダー・フアレス）

二〇一五年のメキシコ取材と同時期に、私たちは中米ホンジュラスへ飛び、この時「世界一、殺人事件発生率が高い町」として知られていたサン・ペドロ・スーラで、若者ギャングの取材をした。その成果は、『マラス——暴力に支配される少年たち』(集英社)で綴ったが、サン・ペドロ・スーラ以前にその不名誉な「世界一」の称号を得ていたファアレスは、その後、どうなっただろうか。

ホンジュラスの取材を終えた頃、私はふと、そんなことを考えていた。そして、インターネットで現地の新聞に、「最近は随分安全になった」という内容の記事が紹介されているのを見つけた。それが本当なのかどうか、さっそく二〇一〇年に町を取材した際に世話になった現地NGOの人たちにメールで問うと、「確かに一時はマシになっていたけれど、相変わらず、殺人や失踪は続いている」という返信が来た。カタリーナからは、

「心配なのは、麻薬戦争で孤児になった子どもたちの実態がきちんと把握されていないこと、今も毎日一人は殺されていること、そして再び少女や若者の失踪が増えていること」

というメッセージも。六年前に心配されていた「暴力にさらされている子どもたち」の今が、気になる。

「来るなら、取材に協力するわよ。待っているわ」

二〇一六年四月頭のメールに、彼女はそう書いてきた。

そして九月、私と篠田は再び、ファアレスを訪ねることにした。

OPIの代表として子どもや若者への支援活動を続けるカタリーナ.

シウダー・フアレス、再び

「町の空気は今、二〇〇九年と同じ気がするの。暴力の波が戻ってくる予感がする」

カタリーナは、不安げな表情で助手席の私に、そう言った。彼女は、二〇一〇年のフアレス取材で世話になった後も、ずっとこの町のスラムで、子どもや若者への支援を続けている。彼女にとって、この町が「世界一殺人発生率が高い町」と呼ばれた二〇一〇年は、ここだけで年間三〇〇〇人以上が麻薬絡みで殺害された、最悪の年だった。が、彼女曰く、二〇一六年もその再来を思わせる、不穏な空気に包まれていた。

「最近少しずつ、また連邦警察が来ているのよ」

ため息まじりにつぶやく。二〇〇六年一二月に大統領に就任したフェリペ・カルデロンが、麻薬カルテルに宣戦布告し、この町に、二〇〇八年には政府軍を、二〇一〇年には連邦警察を送り込んで以来、ここは麻薬戦争の主戦場と化した。その記憶が彼女の脳裏をよぎる。「麻薬戦争」と呼ばれる状況は、一〇年間に全国で一五万人以上の死者と三万人を超える失踪者を生み出した。メキシコでは多くの場所で、麻薬カルテルを中心とする犯罪組織による殺人や誘拐に怯えながらの生活が、続いている。それなのに、ファレスが平和になるなんてことがありえるのか。そんな疑問は、カタリーナの言葉で余計に深まった。

この日、久しぶりに降り立った空港には、前回の取材時のような政府軍兵士の姿はなく、特に緊迫感もなかった。空港に車で迎えに来てくれたカタリーナの長女(二四歳)も、今は軍は見かけないと話す。「危険を避けて町を出ていった人たちも、戻ってきた?」と尋ねると、

「それはないわ。仕事はあるけど賃金が安いから、誰もここで働きたがらないの」

そう言いながら、通り沿いに見えるマキラドーラを指差し、

「ほら、どこも求人広告が出ているでしょ? でも誰も面接になんか行かない」

と、付け足す。町では相変わらず、実入りのいい麻薬絡みの仕事に携わる人間が、貧困層には多いようだ。社会保険もまともに付いておらず、キツいうえ低賃金のマキラドーラでの労働に、男たちは関心を示さない。労働者は以前と同様にもっぱら貧困家庭の若い女性だという。

ホテルにチェックインした後、カタリーナが案内してくれたのは、レストランやバーが建ち並ぶ中心街だった。以前は古びた町並みに人通りがなく、立ち入るのも憚られた。が、道も広場も数年前に新しくなったということで、まるで別の場所だ。観光客の姿まである。

ランチも兼ねて案内されたのは、地元の人で賑わうレトロなカフェ・レストランだった。待ち受けていたのは、人権派弁護士のホセ(五一歳)と、NGO「ファレス子どもの権利ネットワーク」の代表、ホセ・

ルイス（四七歳）だ。通い慣れた店のボックス席に座り、カタリーナと三人で町の現状を話してくれる。

「この四年間、以前のように毎日何件もの殺人事件が起きることがなかったのは、PRIとカルテルが協定を結び、三つの組織が縄張りを分けあっていたからさ」

ホセが、「平和」の裏をそう説明する。ファアレスでは、二〇一一年九月から連邦警察が徐々に撤退した後、二〇一六年六月の選挙までの間、PRIが市政を担っていた。彼らは、町で麻薬密輸ルートをめぐる抗争を繰り返していたファアレス・カルテルとシナロア・カルテル、両方と話し合い、一つの合意に達したのだという。ファアレス・カルテル傘下の組織（ロス・アステカス）とシナロア・カルテル傘下の組織（ロス・アルティスタス・アセシーノスとロス・メシクレス）に、違法活動を見逃す代わり、決められた地域でのみ動き、抗争はしないよう約束させた。だから人が死ぬことが少なかったというのだ。

実際に、二〇一二年の死者数は、前年の約二〇〇〇人から一気に減り、七五〇人前後だった。その後も減少は続き、二〇一五年には九〇人弱にまで下がった。

「だからといって、平和だなんて言えるわけがない。今この瞬間に銃を持った人間が現れ、私たちに銃口を向けることだってあり得るよ」

ホセが、いかにもそれが現実だとでも言いたげに目配せする。実は、彼は弁護を引き受けた若者のことでカルテルに誘拐され、一週間ほど尋問を受け、解放された経験がある。

ホセの言葉に大きく頷いたホセ・ルイスは、平和とはかけ離れた現実について、こう語る。

「たとえば、少女や若い女性が〝消える〟事件は、一九九三年からずっと続いているしね」

するとカタリーナも、

「特にこの中心街では、仕事帰りの若い女性が頻繁に誘拐されているわ」

と、言う。

「マキラドーラで働く人や家政婦をしている女性は、郊外のスラムからバスで出てきて、ここから徒歩あるいは別のバスに乗り換えて、職場へ行くから」

誘拐の犠牲者は大半が、一四歳から二二歳前後の貧困層の女性だという。

メキシコでは現在、殺人事件以上に、誘拐・失踪事件が問題となっている。フアレスでは、九〇年代からそうだった。北米自由貿易協定(NAFTA)の発効前後から急成長を始めた国境のマキラドーラに勤めようと、地方からやって来た若い女性たちは、一〇代から外へ出て働くため、新自由主義的グローバル化に刺激されて深まる金権主義の下、性産業の格好のターゲットになった。そして人身売買の犠牲となり、殺されてきた。麻薬カルテルが、武器の密輸や人身売買などにビジネスの幅を広げるようになってからは、この問題がメキシコ各地で深刻化し、そこに地方の政府や警察、軍の関係者が絡むことで、事態は悪化の一途をたどっている。フアレスでは、連邦政府に派遣された軍や連邦警察が絡んだケースまであった。

「ホテル・ベルデのケースは、その象徴だ」

その典型的な例として三人が挙げるのは、二〇一五年に注目を浴びた誘拐・人身売買(売春強要)・殺人事件だ。

フアレスの中心街の一角にあった同ホテルは、二〇〇八年から二〇一〇年の間、売春に使われていた。犯罪組織に誘拐された少女や若い女性が、麻薬の使用を強要され、駐留していた軍兵士や連邦警察官などへの性的サービスをさせられて、「用済み」になると殺害されていた。その犠牲者のうち一一名の骨が、

「女性のための正義センター」の前には，行方不明となっている女性たちの写真が貼られている．

二〇一一年末から一二年の初めにかけて、郊外のバジェ・デル・フアレス地域で発見されたが、当初、事件の詳細はわからなかった。ところが、二〇一〇年九月に同ホテルの前で連邦警察官二人が殺害された事件の捜査が進むにつれて、一連の犯罪が明るみに出た。殺された警官たちはホテルに出入りしていた客だったため、女性たちがそこに閉じ込められ、性的搾取の対象とされていたことが確認されたのだ。五人が逮捕され、全員が懲役六九七年の刑に処されることとなった。

午後、こうした女性の被害を予防し、また犯罪を明らかにする活動をする「女性事務局ネットワーク」の事務所を訪ねた。女性に関わるNGO一〇団体をまとめるセシリア・エスピノーサ代表(四二歳)に、先述の事件について詳しく聞くためだ。同ネットワークは現在、二〇一二年に設立された公的機関「女性のための正義センター」内に事務所を置く。

センターの一角に設けられた事務所で、分厚いレンズのメガネをかけたセシリアは、自分たちの活動の発端を、こう話した。

「発見された少女たちの遺体は、動物に食べられたらしく、骨がバラバラの状態でした。二〇〇九年に仕事を探すと家を出たきり帰ってこなかった少女の母親ら、被害者の家族は、骨の鑑定と身元の特定を検察に依頼しました。しかし、検察の動きは鈍く、被害者のものだとして渡された骨が別人のものだったりと、遺族の思いを無視した対応ばかりが続きました。だから私たちは、当局の対応の改善と、女性への暴力を予防するための制度作りに取り組みました」

その成果の一つが、今いる「センター」だ。それは、「女性への暴力の予防と撲滅のための国家委員会」(CONAVIM)が、地方政府やNGOと全国で設置を進めているセンターの一つとしてつくられた。

「一階には、女性を支援するNGOの事務所と、様々な相談ができるカウンセリング・ルームがあります。二階には法的支援の事務所があり、弁護士らが行方不明の女性たちを探す支援などをしてくれます」

セシリアたちは、市内の貧困地域で女性リーダーを育てる活動もしている。各地区には、「コミュニティ・ディフェンダー」(地域の擁護者)と呼ばれる女性が配置され、問題を抱えた近所の女性たちの相談役になる。女性同士が助け合いながら、公的支援も有効に活用することで、問題を予防あるいは早期解決しようと試みる。インタビューの途中で、まさにそのコミュニティ・ディフェンダーである中年女性が、自分のコミュニティでの問題への対応を相談しにきた。

女性たちの努力は、事件の裁判にも影響を及ぼした。それまで「人身売買」か「殺人」でしか裁かれなかった女性の誘拐・人身売買・殺人事件の犯人が、ホテル・ベルデのケースで初めて、彼女たちの主張を反映する形で、「女性を性目的で誘拐、売買し、殺害した罪」で裁かれたのだ。

「長い間、〝麻薬戦争〟の被害者には、性的搾取の犠牲者は含まれていませんでした。女性たちの声が、それを変えたのです」

セシリアは誇らしげに、そう言った。

暴力のなかで育った子どもたち

この町を再訪しようと決めた時から、私は六年前の取材で出会った幼い兄弟のことが気がかりだった。彼らは、麻薬の売人だった父親が殺害され、母親に見捨てられて、祖母（当時五二歳）に育てられていた（一五頁参照）。当時一〇歳だった少年（兄）が、「大人になったら殺し屋を雇って、パパの仇を討つ」と話していたことが、心にひっかかっていた。

当時、町の子どもたちの間では、「誘拐犯と人質の役に分かれ、誘拐犯は身代金をいくら要求するか話し合い、要求が受け入れられないと人質を殺害する」という遊びが流行っており、カタリーナたちも、暴力が蔓延する環境で育つ子どもたちの五年後、一〇年後に大きな不安を抱いていた。

あの兄弟の六年後は、どんなものなのか。確かめに行くことにする。

彼らの祖母の家は、町の西端、丘の斜面に築かれたスラムにある。カタリーナの運転で、記憶を頼りにそのスラムを走り、ようやく見覚えのある住宅にたどり着いてドアを叩くと、祖母が出てきた。

「あら！　お元気でしたか」

そう言うなり、私たちを招き入れ、戸口の右手の寝室へ案内すると、ベッドの横に置かれたソファに腰掛けるよう、勧めてくれた。以前と同様にどこか雑然とした感じの家のなかには、ほかに人影がない。

さっそく孫二人のことを尋ねると、ここにはもう住んでいないという。

「一年ほど前に、実の母親が連れて行ってしまったんです」

祖母は寂しげな顔をする。成長して面倒がかからなくなったから、と迎えに来たのだという。

「父の敵討《かたき》ち」を口にした少年の様子を聞くと、彼は今一五歳で成績もよく、高校を出たら大学へ進学したいと話しているということだった。

「お二人にお会いした翌年、私は孫たちを連れて半年ほど、ティファナ(ファレスよりも西の米国境の町)の兄の家に世話になっていたんです。暴力と辛い記憶ばかりの町を離れて、孫たちの心を癒したかったので。それからは、あの子ももう敵討ちの話はしなくなりました」

今は学業に熱心な孫を誇りに感じている、と言う。少年たちに会えなかったのは残念だが、その将来が心配していたものとは異なる方向へ進んでいるらしいことに、少し安堵した。

とはいえ、この町では、六年前の悪い予感通りのことも起きていた。カタリーナによると、家庭や学校での暴力が、以前にも増して日常化しているのだ。

その日、私たちは郊外の、特に治安が悪いことで知られる地域に近い所にあるNGO「カサ・アミーガ」を訪れ、そこで実施されている子どものためのワークショップを見学した。六年前にも話を聞きにきたことのあるこのNGOは、主に女性と子ども、若者を対象に、暴力に満ちた環境下で受ける心身へのダメージをケアし、そうした環境を改善して、暴力発生を予防するための地域づくりを支援している。なかでも、子どもに対する心のケアは、公的機関ではほとんど行なわれていないだけに、貴重なものだ。

広いワークショップの部屋には、一一歳から一五歳までの少年少女、一八人が車座になっていた。週に一度、二時間、進行役のスタッフに導かれ、「男女の違い」、「子どもの権利」など、様々なテーマで語り合うという。今日はゲスト(私たち)と新しい参加者がいる、ということで、「このワークショップに参加している理由」を、子どもたちが自由に語ってくれた。

最初に一人の少女が、「家にいたくないから、ここに来るの」と、話し始めた。

「義理の父さんが、母さんと私を殴るの。私が殴られている時、母さんは助けようとしないし、もう父さんとは暮らしたくない、と言っても、何もしてくれない。実の父さんは私を捨てたから、ほかに行き場はないし……」

この話を聞いて、別の少女が「私も同じ状況よ」と声をあげる。すると、近くにいた少年も、

「僕の父さんも、よく殴るよ。だから、そうした問題にどう対応したらいいか考えるために、ここに来ているんだ」

と、告白する。そこへ別の少年が、こんな話を始めた。

「僕も今は普通に見えるかもしれないけど、本当はひどい状態だったんだ。一度はクラスメートをペンで刺そうとしたこともある。先生に止められたけど。その後、今度は相手に殴り倒された。友だちも見ていたのに、誰も助けてくれなかった。その時は、きっとみんな僕が嫌いなんだと思った。でも、何でも話せるガールフレンドができてからは、そんなことはないと思えるようになった。信頼できる人とちゃんと話すことが大事だって、わかったよ」

参加している子どもたちの大半は、別の日に個人(心理)カウンセリングも受けている。プライバシーが

守られる状況下で思いを語り、専門的なアドバイスを受けることと、似た体験を持つ仲間と考えをシェアすること、その両方を行なうことが心の傷を癒し、現実と向き合う力を与え、自ら状況を改善できる人間を育てる。スタッフがそう説明してくれる。

二〇〇六年一二月以降、麻薬戦争と呼ばれる暴力の嵐の真っ直中で、ファレスではおよそ一万五〇〇〇人の子どもが孤児になったといわれる。その多くは、目の前で家族を殺されている。麻薬絡みでの殺害の場合、被害者の子どもは、「犯罪者の子ども」というレッテルを貼られ、いじめの対象にもなっている。二重、三重のトラウマが、子どもたちを襲う。「カサ・アミーガ」が実施しているようなケアがほかではほとんど提供されていないなか、無意識のうちに自らも暴力をふるうようになる子ども、犯罪組織に関わる子どもをつくる「負の連鎖」が、今なお続いている。

ジャーナリストの闘い

その厳しい現実を前に、ファレスの人権活動家やNGOが最も憤っているのは、本来、犯罪を裁き、治安を守り、市民生活を向上させるために働くべき政治家や司法関係者、警察の「怠慢」と「腐敗」の現実だ。が、その問題を暴こうとすると、命を落としかねない。言論と報道の自由やジャーナリストの権利を守るために活動するNGO「国境なき記者団」は、二〇一六年八月、「メキシコでは二六日ごとに一人、ジャーナリストが殺害されている」と発表した。特に地元紙の記者たちは、そこに暮らし毎日取材している分、まじめに使命を果たそうとすればするほど、危険が高まる。

話を聞くために待ち合わせたカフェテリアで席につくなり、ルーシー(四二歳)は、首を左右に忙しく動かし、あちらこちらへ視線を向けながら、話し始めた。北米先住民のようにくっきりとした目鼻立ちで褐色の肌をした彼女は、地元紙『ディアリオ・デ・フアレス』の記者で、長年、殺人事件を担当していた。二〇一〇年に新聞社の同僚(カメラマンと記者)が殺害されたことをきっかけに、翌年、仲間四人と「フアレス・ジャーナリスト・ネットワーク」という団体を立ち上げ、記者自らが自衛手段を身につけるためのセミナーを開き始める。といっても、護身術の訓練をするわけではなく、ベテランのジャーナリストたちを講師に、異なるテーマでの取材に際して注意すべき事柄を学ぶ、無料のセミナーを開いているのだ。

彼女は言う。

「ジャーナリストは、安全を考慮しながらも、正確な取材をし、攻撃の余地を残さない明快な記事、仕事を発表することが、自分自身を守ることにつながると思うんです」

彼女の同僚を殺害した犯人は未だにわかっていないが、おそらく取材していた犯罪組織に殺されたのだと考える。彼女自身も一度、脅迫を受けたことがある。

「二〇一一年のある日、新聞社に私宛の脅迫電話がかかってきました。編集長が対応したので、私は具体的に何を言われたのか知りませんが、心配した編集長はすぐに私を殺人事件担当から、NGO担当に変えました。当時、私は地元警察の動きを追っていたので、犯人は恐らく警察関係者でしょう」

そんな話をしながらも、たえず頭と視線を左右に振る。正面でカメラを構えていた篠田が、「あたりを警戒しているのか、あんなに頭を動かしていたら、気持ち悪くならないかな?」とつぶやく。

その言葉を訳してルーシーに伝えると、「そんなことないわよ」と笑って、

「ただの癖だと思うわ」

と言う。しかし、その「癖」は、やはり長い間、殺人事件担当だったせいで身に付いたものではないだろうか。そんな考えにこだわる私たちを尻目に、

「ここには大物政治家もよく現れるので、それが気になるからかもね」

と、微笑むルーシーだったが、その後も彼女の癖は止まらなかった。

同じ日の午後、私たちは『ディアリオ・デ・フアレス』本社に、もう一人、政治記者のガブリエラ(四三歳)を訪ねた。これまでの政治状況と、二〇一六年六月にフアレス市長・市議会議員選挙とチワワ州知事・州議会議員選挙が行なわれ、市長と州知事どちらもPRI以外の候補者が当選したことにより、これからこの町がどう変わるのか、聞きたかったからだ。

が、その話題に入るよりも先に、彼女もまた、脅迫ではないが、政治家によるハラスメントを受けていた、と告げられた。

「PRIに近いのに、わざわざ〝無所属〟として出馬し当選した政治家(市長)が、選挙戦の時、批判的な記事を書いたことに対し、ソーシャル・ネットワークを使って、私を中傷するメッセージを流したんです。しかも、まだ幼い私の息子が写っている写真までアップしたんですよ! それで黙っていられなくなりました」

肝っ玉母さんであるガブリエラは、このハラスメントについて司法に訴えようとした。が、途中で断念するはめになる。

「起訴したいと検察官に話すと、判事に相談するように言われ、待ち合わせ時間に三時間も遅れてきた女性判事二人に、ハラスメントの中身を説明しました。すると今度は、証言の真偽を確かめるために、毎

日四時間、計四日間、心理カウンセラーと面接をする必要があると言われたんです。私が精神的に病んでいて、犯罪を証言できる状況にないと決めつけるためであることは、明らかでした」

つまり司法は権力側の人間を守るために、真実を語るジャーナリストを「頭がおかしい人間」に仕立てあげるというのだ。

「実際に、精神異常だという判定をされて、ジャーナリストを続けられなくなった仲間もいます」

と、ガブリエラ。「権力」の腐敗は限りなく深く、ジャーナリストの闘いはとてつもなく厳しい。

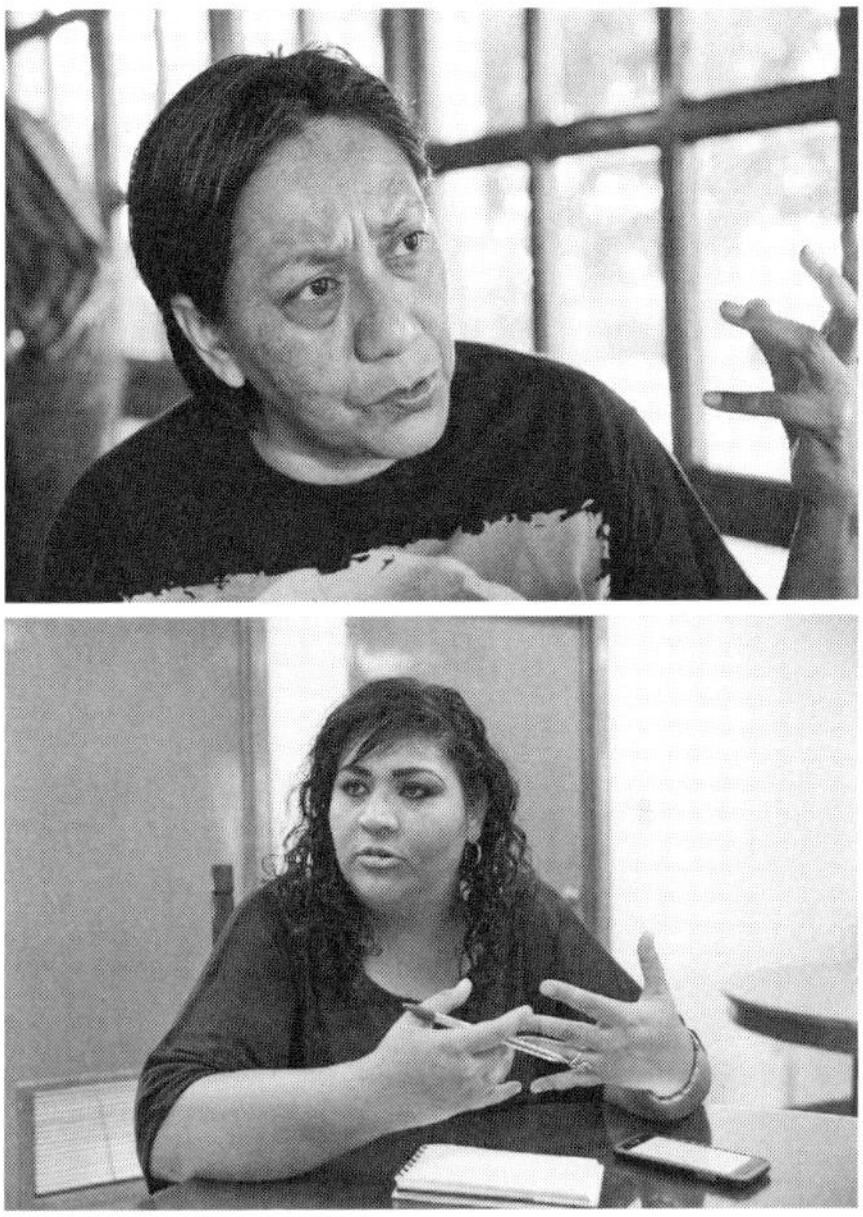

(上)フアレスの地元紙の殺人事件担当だった記者ルーシー．(下)政治記者のガブリエラ．

「巨大カルテルは、どんな政党、政治家をも腐敗させる力を持っています」

ガブリエラはそう断言する。

「たとえばフアレスでは、一九八三年に初めて、市政がＰＲＩから野党ＰＡＮに移り、企業家の市長が生まれました。そして実は、その頃から麻薬組織が成長し始めたことが、当時の新聞記事から読み取れます。その後、市政がＰＲＩの手に戻っても、その成長は止まりませんでした。最悪なのは、組織が警察の内部にも浸透していったということです」

彼女によると、町の歴史は「政権交代の時期には、暴力が激化する」という事実も示している。市政を担う政党が交代し、政治家や役人が入れ替われば、彼らとカルテルの関係も再構築されることになるからだ。「新たな協定」ができるまで、抗争が激化する。実際、カタリーナが心配しているように、この四年間は減少し続けていたファアレスの殺人事件数が、選挙が終わった七月頃から、じわじわと増えている。七月の五二人が、一〇月には一〇〇人に近づいた。それで、連邦警察の派遣が始まったのかもしれない（ファアレスでの殺人事件数は私たちの取材後も、前年の同じ時期を大きく上回っている）。

「これから二〇一八年の大統領選挙に向けて、また政党間の駆け引きが始まります。危険な時期です」

彼女たちの命がけの取材活動は、まだまだ続きそうだ。

地方政治を変える

すべての矛盾をただすためには、政治を変えるしかない。そう決意したカタリーナたち活動家は、二〇一六年、地元における政治変革を目指して、市民闘争を開始した。最初の闘いの舞台は、同年六月のファアレス市長・市議会議員選とチワワ州知事・州議会議員選だった。

夜、ファストフード店でアメリカンコーヒーをすすりながら、この二つの選挙について、カタリーナと新しい州知事の下で働くレティシア・チャバリーア医師（六〇歳）が、熱く語ってくれた。医師は、年齢よりも若づくりのチャーミングな女性だ。

彼女に私たちを紹介したカタリーナがまず、選挙戦を振り返る。

「私は今回、初めて特定の候補者のための選挙キャンペーンを担いました。自分たちが日頃活動している地域で、ＰＡＮの州知事候補のハビエル・コラルとその議員候補チームを応援したんです。コラルは、政治経験は長いですが比較的クリーンで、彼のチームにチャバリーア医師が招かれたからです」

チャバリーア医師は、二〇〇八年一二月に町の医師たちを組織し、「医療関係者市民委員会」という団体を立ち上げ、無差別な暴力への抗議と対策を求める活動を始めた、勇気ある女性だ。組織間抗争で負傷した敵を治療中の病院内で銃撃したり、医療機関にみかじめ料を要求したり、払わない医師を誘拐し殺害したりする者が現れたことに、危機感を抱いたからだという。

「医師は看板を出すこともできなくなり、診察は予約で確認できた人だけにするようになりました。麻薬戦争のせいで、市民はまともな医療サービスすら受けられなくなったのです」

柔らかい物腰だが、厳しい表情で語る。事態を根本から変えるには、政治変革しかない。そう考えた彼女は、カタリーナら社会活動家たちと連携し、市民の代表として、コラルのチームの州議会議員候補者リストに入る決意をする。

「市民が団結してＰＲＩとは異なる政治をする人を応援しなければ、ＰＲＩはどんな手を使ってでも、権力を手に入れます。だから私たちは、もはやデモや集会をしているだけでは駄目だと考えたのです。市民は今まさに、政治の内側に足を踏み入れることを必要とされているのです」

そう意気込んだチャバリーア医師だったが、選挙では惜しくも落選した。が、彼女たちの選挙活動のおかげで、ＰＡＮは州議会で多数派を占めることとなり、二〇一六年一〇月、コラルがチワワ州知事に就任する。そしてチャバリーア医師は、議員ではないが、コラル・チームの一員として、州の医療保健政策に市民の声を届ける役割を担うことになった。

「二〇一八年の夏には、大統領選挙があります。それを目標に、各地で市民が動き出すでしょう。私たちはまず、ファレスとチワワ州で変革を起こします。そうすればやがて国も変わるかもしれません」

医師がそう言うと、カタリーナも深く頷きながら、私をまっすぐに見つめ、微笑みかけた。

政治参加を始めた市民が、ファレスから国家の再生を目指している。そんな熱いエネルギーが、二人の女性の瞳に宿っていた。

首都に迫りくる恐怖

「メキシコは、麻薬戦争が続いていて危ない」

そう言われ始めて、二〇一六年末で早くも一〇年の時がすぎたことになる。その間も、首都メキシコシティだけは治安が比較的保たれ、街はどんどん整備され、パリをはじめとする欧州の歴史あるモダンな街にも負けない、シャレた観光都市となった。

世界遺産に登録されている旧市街の中心にあるアラメダ中央公園には、週末になると、散歩やデートを楽しむ市民が溢れる。二〇年前ならばそこに、「ストリートチルドレン」と呼ばれる子どもたちが大勢うろついていた。彼らは公園の一角で、ビニールでつくったテントや、毛布とダンボールを集めた寝床で暮らしていた。公園を訪れる人々は、彼らを日常の風景の一部とみなし、時に物やお金を恵んでいた。

ところが近年、街は寛容さを失い、路上暮らしの子どもや若者に冷たくなった。納税する良き市民ではない彼らを、「ゴミ」扱いするようになったのだ。観光促進のために、「ゴミ」を中心街から一掃し、公園や通りを整備して、大勢の警察官を配置した。いかにも新興国の首都らしい「美観と治安」の化粧をほどこした。その化粧は、二〇一七年に入ってもまだ保たれているかのように見える。が、その化けの皮がはがれるのも、時間の問題かもしれない。そう感じるのには、理由がある。

「私たちの友人のなかにも、娘が誘拐された人がいるのよ」

二〇一六年秋、メキシコシティでいつも宿としている家の友人は、近年メキシコで頻発する誘拐事件の話をしていた私に、無造作に言い放った。

「確かに最近は、誘拐が多いわ。この街に暮らす人間なら、誰かしら家族や知り合いが誘拐されたことがあるという人が、ほとんどじゃないかしら」

特に金持ちだからというわけではなく、そこそこの収入がある家庭ならどこででも起こりうると、彼女とその夫は語る。身代金を払えなかったために殺されたケースもあるという。彼女たちの友人の娘は幸い生還したが、それでも事件の詳細を聞くと、背筋がゾクリとした。

ある日、娘は家を出たところで車に押し込まれ、連れ去られた。そしてまもなく犯人から、両親に身代金を要求する電話がかかってきた。その額があまりにも大きく、すぐに払うのは不可能だったため、親は時間の猶予がほしいと懇願したが、聞き入れられなかった。そこで彼らはできる限りのお金を集めて、期限内に指定された場所へ届ける。が、犯人は再び電話で、「金額が足りないから、娘の指を切り落とした。次の期限までに残りを持って来ないと、殺す」と、脅す。焦った両親は、死にものぐるいでお金をかき集めて、何とか指示通りの支払いを達成した。と、その翌日、電話が鳴り、「お母さん、今〇〇にいるから、迎えに来て」という娘の震える声がした。両親が急いで現場へ駆けつけると、そこにはやつれた娘が立っていた。その手からは、指が一本なくなっていた。

「恐ろしい話でしょ」

友人は口を一文字に結び、両目を見開いた。

誘拐事件はメキシコ全土で、しかもこれまで「安全」だといわれたメキシコシティにおいても日常化しつつあることが、この話から読み取れた。

別の友人もやはり、周囲で誰かが誘拐されたという話をよく耳にするようになったと言い、

「お金を払っても殺されることがあるようだよ。それでも、警察の手を借りようと考える人は少ない」

と、付け加えた。

メキシコ国立統計地理情報院の都市治安調査によると、近年、メキシコの都市住民の実に七割前後が、警察、特に地元警察は信用できないと考えているという。信用されていないのは、「政党」や「司法」も同様だ。市民は抱えた問題を、何とか自力で解決しようと試みる。でないと、事態が余計に深刻になりかねないからだ。

二〇一二年一二月にペニャ・ニエトが大統領に就任して以来、メキシコで、殺人事件以上に誘拐・失踪事件が大幅に増加したことには、すでに触れた。ペニャ・ニエト政権下ではカルデロン政権期の倍以上、一日平均一三人が失踪しており、その失踪状況、理由には様々なケースがあるが、典型的なものの一つが、「人身売買」だ。

「私、騙されて夜の商売で働くことを強要されていた女性の救出に、一役買うことになってしまったの」

友人のパウリーナ(二八歳)はその日、一年ぶりに会おうと待ち合わせて入ったカフェで、大きな丸い目

をさらに見開き、いきなりそんなことを口にした。彼女は画家で、社会問題をテーマにした壁画を描く活動を中心に生活している。それがなぜ、刑事か探偵のような役回りを演じたのか。よく聞くと、彼女はメキシコシティや隣接するメキシコ州で失踪した少女や女性の顔を描くことを思いつき、被害者家族が集まる会にたびたび顔を出していたところ、参加者の一人に重大な相談をされたという。

「彼女は、失踪した娘を自力で探していたの。それで、娘にたどり着くための最後の一歩を手伝ってほしいと、頼まれたのよ」

パウリーナによれば、女性の娘は、メキシコシティで家政婦をして働いていたところ、通勤途中にハンサムな男に声をかけられ、恋に落ちて、彼と頻繁に会うようになった。そして、ある日突然、「お母さん、私、彼と結婚して、トラスカーラ（メキシコシティの東約一〇〇キロにある町）で暮らすわ」と、母親に電話をしてきた。それからしばらくは電話のやり取りを続けていたが、やがてぷつりと連絡が途絶える。

「それで母親は不審に思い、娘の足取りをたどり始めたのよ」

母親は、トラスカーラ行きのバスが発着するバスターミナルをまわり、すべてのバス会社のカウンターで娘の写真を見せて、目撃者を探した。すると、たまたまチケットを買いにきた女が、「その娘、私と同じバーで働いていたわ」と証言したのだ。彼女を含む数人の若い女性が、一定額を稼ぎ出せば自由の身にするという条件で、人身売買グループによって地方都市のバーで働かされていたという。女性たちは、メキシコシティの路上で男に声をかけられ口説かれて、騙される形で犯罪グループの餌食となった。その事実を知った母親は勇気を振り絞り、娘が働いているというバーへ向かう。ところが、そこに娘の姿はなかった。母親が探していることに気づいた犯罪グループが、別の店へ移したのだ。落胆して帰宅した母親のもとへ、まもなく一本の電話がかかってくる。「おまえが代わりに金を払えば、娘は返してやる」。

「私は、そのお金を渡しにいくのに付き添ってほしい、と言われたわけ」

背は低いが丸くがっしりした体つきで、童顔だが鋭いアーティストの眼を持つパウリーナは、母親のボディガードとなり、救出劇に参加することになる。

「お金の引き渡し場所に指定されたのは、田舎のがらんとした建物だったわ。大金が入ったカバンを手に入っていくと、小さな机を前に銃を持った男たちが立っており、カバンを机の上に置くよう、指示した。そして中身を数えて金額を確かめると、外にあるバンに乗れと言われたの。そして座席についた私たちに目隠しをして、二〇分ほど走った。そうして連れていかれた先、畑の真ん中の小さな小屋に、娘さんはいた」

何とか再会を果たした母娘は、パウリーナとともに無事メキシコシティの自宅に戻った。が、犯罪グループに再び脅されるかもしれないという不安からは逃れられなかった。そこで、面倒見のいい画家は、地方都市にある人権団体に連絡をして、彼女たちの保護を要請する。

「保護が決まり、私は二人を空港まで見送ったわ。二人の今の住まい？　さあ、それはお互いの安全のために知らないほうがいいと思う」

そう微笑むパウリーナ。勇敢な友は、二人の女性の命を救った。

パウリーナが話したような事件は、近年、首都周辺で頻発している。彼女曰く、それは「エル・カイマン」(ワニ)と呼ばれる男の犯罪グループによる犯行だと考えられる。彼らは女性を騙し、あるいは脅して連れ去り、強制的に売春行為をさせる。そして、一定額を貢がせる。できないと借金となり、たまると

「消される」という。日本円で一〇〇万円近い金額を払わなければ、自由の身にはなれないらしい。犯罪グループは、女性たちを国内複数の町、そして米国やスペインなどの国外でも働かせていると、推察されている。

日本の犯罪組織との関係が疑われるケースさえ、ある。メキシコシティにある大学へ行く途中の地下鉄で失踪した娘を探していた父親が、犯人一味と思われる男にたどり着き、その携帯電話の履歴をチェックしたところ、ミヤモトなど日本人の名字が何度も出てくるのを発見したという。携帯の持ち主はその後、逮捕され、服役中だ。首都で開かれた失踪被害者家族の集会で出会ったその父親は、

「月に一度だけ、判事に会うためにメキシコシティに来ているんです」

と話した。犯人グループに脅迫を受けているため、北部の町に隠れて暮らしているからだ。犯人の一人は捕まったものの、娘の行方は未だ知れず、彼自身の命も危険にさらされている。

少女や若い女性の誘拐事件が最も多発している州の一つが、メキシコ州だ。同州では、検察が実際に捜査したものだけでも、二〇一三年から一五年までの三年間に計二〇件、性的搾取のための人身売買事件が起きている。実際にはその何倍もあるだろう。

二〇一四年に同州における女性殺害事件に関する取材をした地元記者は、エンリケ・ペニャ・ニエト現大統領がメキシコ州知事だった期間(二〇〇五年九月から一一年九月)だけでも一九九七人の女性が殺害された、と書く。すべてが誘拐殺人とは限らないが、多くがそうである可能性は高い。この手の事件では悪名高きフアレスの被害者数、二〇年分(一九九三年から二〇一四年に少なくとも計一五三〇人)を上回る数字だという。それなのになぜ、今まで表に出なかったのか。それはおそらく女性の誘拐と人身売買というビジネ

スが、地元の役人や警察を巻き込んで組織的に行なわれてきたからだろう。

ギャングの変貌

メキシコ州は二〇一六年、殺人件数、誘拐件数、恐喝件数ともに、国内で最も多い州（殺人二二五六件、誘拐二七三件、恐喝九九三件。二〇一七年一月二〇日に発表された内務省国家公安機構事務局「殺人・誘拐・恐喝被害者報告二〇一六」）という不名誉な地位を得た。それは明らかに、同州がカルテルの新たな抗争の舞台と化していることを意味する。そこでは二〇一六年現在、ファミリア・ミチョアカーナを筆頭に、ゲレーロス・ウニードス、ロス・セタス、カバジェロス・テンプラリオス、ラ・エンプレーサ、ラ・ヌエバ・エンプレーサ、カルテル・デル・エスタードらが活動していると見られる。

最悪の治安状況下、メキシコ州やメキシコシティの貧困地域に暮らす少年や若者の生きざまも、大きく変わってきた。元ギャングらしく強面だが、現在はカウセでラップ音楽講師をするマヌエル（三六歳）が、重苦しい口調で言う。

「メキシコ州でギャングを続けている連中は、麻薬の売買はもちろん、犯罪なら何でもやっている。彼らはもうただの不良ではなく、組織犯罪を行なう麻薬カルテルの一部になってしまった」

その事実は、青少年期をギャング団ですごし、今でも仲間とつながっている彼を憂鬱にさせる。

「私は生後八カ月の時に両親が離婚し、メキシコ州のスラムにいる伯父のもとに引き取られた。姉たちは経済的な理由で親戚じゅうをたらい回しにされていたので、私は姉たちと同居できたりできなかったりの、不安定な子ども時代を送った。だから、近所の少年ギャング団、つまりパンディージャに入り、仲間とラップをうたったりして、心を癒していた。でも、麻薬や犯罪とは無縁だった」

それが、九〇年代後半から様子が変わっていく。

「米国から強制送還されてきたギャングたちの影響で、私たちも麻薬を売るようになった。二〇歳になった私は、自分で飲み屋を開き、そこで酒と女性と麻薬を売った。今考えると、本当に恥ずかしい、酷いことをしていたんだ。ところが二〇〇六年、無料でラップの録音ができるスタジオがあると聞いて、〝カウセ・シウダダーノ〟に来てみたおかげで、人生が変わった」

カウセが運営する青少年コミュニティセンターのスタジオが、マヌエルをまっとうな道へと導いた。

「カルテルに関わった仲間は、次々と死んでいる。少年たちがカルテルではなく、違うところに居場所を見つけられるようにすることが、本当に大切だと思うよ」

後輩たちの死を悼む思いに溢れる目で、しみじみと語る。だからこそ、彼自身は今、スラムの少年少女にラップを教えることを通して、後輩たちによりよい自己実現の道を示そうと奮闘している。


二〇一六年一月末、首都はこれまでの連邦政府直轄の「メキシコ連邦区」から、自治権を有する三二番目の州、「メキシコシティ」となった。そして二〇一七年一月末までに他州と同様に独自の憲法、「メキシコシティ憲法」を制定することになった。その「憲法起草委員会」を構成する二八人の学者、政治家、社会活動家らのなかに、カウセのカルロスもいた。

カルロスは、一年ほど前に会った時、「政治変革にも関わろうと考えている」と話していた。カウセで活動する若者たちにも、町や国の政策決定に関わることを勧め、未来を自分たちの手で変える挑戦を始めている。同じ「憲法起草委員会」のメンバーであるクアウテモク・カルデナス元メキシコ連邦区庁長官を招き、若者たちと対談させたこともある。

二〇一六年一〇月、私たちは、そんなカルロスのアドバイスを受けながらスラムで「コレクティーボ・イェルモ」というグループを運営する、ユニークな青年と出会った。彼の名は、アラン(三〇歳)。普段は町外れに開いたリサイクル品回収店を経営しながら、大学で心理学を学ぶ。そして毎週日曜になると、カウセに比較的近い町の北部に位置するスラムにある実家の一部を利用して、子どもたちが社会的アクションを起こす力を身につけるためのワークショップを開いている。それが「コレクティーボ・イェルモ」の活動だ。同じ大学で生物学や法学を専攻する仲間が、ボランティアで手伝っている。

「〝イェルモ〟(兜)とは、『ドン・キホーテ』に登場する〝マンブリーノの兜〟のことです」

それはドン・キホーテが、床屋が使う金だらいを、ある騎士道物語に登場するイスラム王が所有していた不死身になれる兜と勘違いし、床屋から奪い取って被っているものだ。

「自ら信じることで力が湧く、という意味で、そう名づけました」

あご髭を生やしたドン・キホーテ好きの青年は、二本の通りがV字に交差し合流する三角地帯に立ち、そう話した。その小さな三角の緑地帯には、愛嬌のある芋虫の絵とコレクティーボ・イェルモという文字が描かれたブロックが置かれ、その七、八メートル後ろに彼の実家がある。

台形の敷地に建つ家の一階正面に設けられたテラスでは、彼の母親が美容院を開いている。家に入ると、一階には、大きなガラス窓のある広い台所とダイニング、亡くなった父親が集めていたという大量のCDが並ぶ棚に囲まれた部屋があった。ダイニングの隅にある狭い階段を二階へ上がると、寝室とコレクティーボ・イエルモが利用するパソコンルームが、細い階段をもう一階上ると、ガラス張りの屋根に覆われたサンルームのような屋上に、子どもたちが集まるスペースが用意されていた。

「なんかおもしろい家だね」

と、屋上から周囲の風景を眺めながら、篠田が楽しそうに微笑む。三角地帯に立つ台形の家は、まるで地域の司令塔のようだ。

「ここは、ちょうど前の通りの向こう側とこちら側、家の裏側という三つの地域それぞれを支配するパンディージャの、いわば緩衝地帯なんです。だから、どこのパンディージャのメンバーや関係者でも、安心して来られるんです」

活動拠点を案内しながら、アランが言う。彼自身も中高生の頃、ギャングだった。

「周りが皆そうだったから。僕は二五人くらいのパンディージャに所属し、毎日何をするでもなく、通り一本をはさんで、ただ敵グループとにらみ合ってました。バカみたいでしょ？　半日くらい、そこに立っていて、仲間とひたすら雑談していたんです。たぶん誰もが自分探しをしていたんでしょう。中学時代は、クラスメートがほぼ全員ギャングだったので、自分もどこかのパンディージャに所属しないと不安だった。本当は、入らなくても問題はなかったんですけどね」

そう首をすくめる。

「地域には、すでに麻薬売買を仕切る大人がいました。その男たちはリスペクトされていて、互いに暴力を振るうこともありませんでした。銃を持っているヤツなど、ほとんどいなかったし。万一、ギャング同士で殺し合いになっても、誰が誰をなぜ殺したか、皆が知っていました」

その状況が、近年になって変化する。

「今は、その当時から続く三つのパンディージャすべてが武装するようになり、麻薬の密売も前より盛んになりました。昔のように、仲間意識でギャングになるのではなく、自分が大金を稼ぎ、リスペクトされるのを目的になる子が多いんです」

そう説明すると、アランは自費出版で本にもしたという、メキシコシティにおけるギャングの歴史について、短めにこんなふうに解説してくれた。

「一九八〇年代、九〇年代は主にロックやパンク世代で、若者はチェーンをジャラジャラさせたファッションで、自分のグループの仲間と練り歩くのが、流行りでした。それからアナキストやヒッピーといった、考え方の違いも示されるようになり、スケボーやグラフィティが広まりました」

ここまでは、彼がギャングになる前の話だ。

「二一世紀に入る前後から、グループ間の縄張り争いが始まりました。それぞれのパンディージャは、拠点とする地域コミュニティに支えられて活動していました。たとえば、警察が僕たちを捕まえて職務質問を始めても、近所の大人が助けてくれたんです。また、パンディージャ内部では、リーダーやスポークスパースンといった役割分担や、メンバーのランク付けが行なわれるようになり、独自の暗号やシンボルマークがつくられるようになりました」

アラン自身が経験したギャングの世界が語られる。

「それが、現在に近づくにつれて、コミュニティとのつながりやグループ全体のイデオロギーのようなものが失われます。メキシコは西洋に征服された後も、個人主義よりも、むしろ共同体主義、周囲とのつながりこそアイデンティティとしてきたのに、今のギャングが求めているのは、グループとしてのアイデンティティではなく、個人としての存在意義にすぎない。その変質は、新自由主義的グローバル化によって、さらに深まりました」

パンディージャの変質を前に、彼は考えた。地域の子どもたちを、この非人間的な現代社会をきちんと捉えて分析し、周囲との絆を通して変えていくことのできる人間に育てなければ、と。そこで始めたのが、「コレクティーボ・イエルモ」だ。

参加者は、ギャングが支配する三つの地域に暮らす六、七歳から一八歳くらいの子どもたちで、毎回、異なるテーマについて議論する。たとえば数名でチームをつくり、膝を突き合わせる形で円座になって、その膝の上に小型のホワイトボードを置き、意見を書き込んでいく。全員で対話し、思考し、チームでアクションを起こしていく。ゲームや演劇、音楽を使ったアクティビティや、デモ参加もある。

「社会問題、環境問題、宗教観など、あらゆるテーマについていろいろな方法で表現するんです」

熱を込めて語るアランは、自分なりのビジョンを持って行動できる市民を増やすことが、犯罪組織や、それらとつながり自己利益ばかりを追う政治家・企業家マフィアを打ちのめす、唯一の方法だと確信している。

「集団で考え、行動することを教えています。かつては各コミュニティの問題であった暴力や犯罪が、今や国全体の政治問題となっているからです。高い社会意識を持つ人間が大勢集まって動くことが、必要とされています」

ファアレスのカタリーナたちと同様に、首都の活動家たちも、変革へのアイディアを持つ市民の行動こそが、問題解決の鍵を握ると考えていた。

分断される被害者家族

二〇一七年一月、「米国を利用してきた」などとメキシコを非難し切り捨てようとする大統領が、米国に誕生した。そして、国境に壁をつくり、その費用を「メキシコに払わせる」と豪語した。メキシコ政府は断固拒否の姿勢を示したが、市民の間には、通貨の暴落とともに、得体の知れない不安が広がる。自国政府の言うことは信用できないからだ。アヨツィナパ・ケースで証明されたその現実を前に、人々は自らの手で正義の実現を目指してきたが、その道筋にもマフィア国家の罠が待ち受けていた。

二〇一六年九月後半、私たちは一年ぶりに、イグアラを訪ねることにした。町とその周辺で誘拐され、消息のわからない家族を自力で捜索するグループの人たちに、もう一度、話を聞きたいと考えたからだ。一年前に知り合ったグループ「イグアラのほかの行方不明者たち」のリーダー、マリオに電話をすると、「明日、メキシコシティのデモに参加するので、そこで打ち合わせましょう」と言う。デモとは、「アヨツィナパ・ケース」発生から二年目となる九月二六日に合わせて行なわれるものだ。

当日、メキシコシティの目抜通り「レフォルマ」には、「生きた姿で返せ!」と叫びながら、失踪者の写真や政府の対応を求める文言が書かれた横断幕を掲げる市民、数千人の姿があった。失踪した学生の親をはじめ、彼らと同じ師範学校に通う学生の一団や、ほかの失踪者の家族もいる。

人の流れに乗って歩きながら、携帯電話でマリオを呼ぶ。と、「学生四三人の親の一団の近くにいる」

失踪している息子や兄弟の写真を手にデモをするアヨツィナパ・ケースの被害者家族と支援者たち.（メキシコシティ）

と言う。人波をかき分け、うろうろキョロキョロしていると、背が高く見覚えのある優しい顔が目に入った。手を振りながら近寄って、握手をする。彼の前には、ビデオカメラで撮影をしている外国人男性の姿がある。

それを少し気にしながら、私はさっそく、翌日イグアラで会う段取りについて、聞く。

「昨年同様、みなさんが毎月集まっている教会へ、朝一一時頃伺えばいいですか?」

するとマリオは、少しためらいながら、こう言った。

「明日は私、イグアラ市公会堂で開かれるドキュメンタリー映画上映会に招かれているので、集会には出ないんです。教会へ行った後、そちらへ来てくださいませんか?」

目の前でカメラを回している男性はフランス人で、彼が明日イグアラで、誘拐・失踪をテーマにした短編ドキュメンタリーの上映会を企画しているらしい。

翌朝早く、メキシコシティの南バスターミナルからバスに乗りこみ、イグアラにたどり着いた私たちは、マリオたちのグループが集会を開いている教会へと向かった。二〇一五年九月に取材した当時は、三八〇人ほどの被害者家族が、このグループに参加していた。

教会への道のりは、のどかな住宅街だ。ただ、メキシコシティの友人の家周辺に比べると、人影が心なしか少ない。それが日中の強い日差しと蒸し暑さのせいなのか、治安のせいなのかは、わからない。バスターミナルから十数分歩くと、見覚えのある教会が現れた。

門を入り、敷地の奥へと進んで行く。と、花壇の周りのベンチや教会の階段、奥の集会場のテーブルなどに、人が座っている。雑談をしたり、書類をのぞいたり。集会はまだ始まっていないようだ。

顔見知りが見当たらないので、集会場でテーブルを囲んでいる人たちに声をかけてみる。

「今日は、マリオ・ベルガラさんたちのグループの集会があるんですよね？　私たちは昨年、そこに参加して、何人かにインタビューをさせていただいたのですが」

そう言う私に、初老の男性が、

「ええ、これから集会です。でも、グループの代表はマリオではなく、あの女性ですよ」

彼が示す先には、書類の束を手に、新聞記者らしき男と話をする中年女性がいる。ジャケットにスラックス姿で、どことなく役人風だ。近寄って、「日本から来たジャーナリストなのですが」と話しかけると、そっけなく、

「あらそう。何の用？」

「実は昨年、このグループのみなさんにインタビューをさせてもらったので、その後の状況を尋ねたいと、マリオ・ベルガラさんに聞いてきたんです」

そう説明する私に、彼女はいきなり、

「で、マリオはどこにいるの?」

町の公会堂で開かれている映画上映会の会場だと言うと、

「マリオはもう、このグループのメンバーじゃないのよ」

と、言い捨てる。

予想外の言葉に、私は一瞬とまどった。と、彼女はこちらを無視して、人が大勢いるほうへ移動し、演説調の話を始める。その内容は、州政府が希望者に無料で農業セミナーを開催する、市が新しい集会所を提供する、というものだった。これから「新しい集会所」へ移動するらしい。

見覚えのある顔を見つけたので、しめたとばかりにその女性に歩み寄り、「こんにちは」と挨拶をしてみる。彼女は確か、行方不明の兄(警察官)を探している人だ。

「まだ見つからないんですけど、あきらめてはいません。今は、政府が支援してくれているので、助かっています」

彼女によると、失踪した家族を独自に捜索することをあきらめて、すべて州検察に任せた失踪者家族には、州政府が様々な支援を提供してくれるのだという。つまり、マリオたちのグループは、州政府によって分断された、ということか。

まさかの展開。だがよく考えれば、むしろ「やっぱり」というべき政府の分断作戦に、マリオたちのことが心配になった。彼ら政府の支援を拒否した人々は、今でも「人骨のようなものがある」、「血の付いた服の切れ端が落ちている」といった地元民の情報をもとに、野や森、山、どこへでも出かけ、土を掘り起こし、せめて遺体だけでも発見したいと、自力で捜索活動を続けているからだ。そうされると都合の悪い権力側の人間から、酷い脅迫を受けているかもしれない。

そこで、一年前にインタビューをしたサンドラの家に行ってみることにした。彼女は教会の近くに住むと聞いている。彼女の長女とその幼い娘は、まさにその家で誘拐された。彼女の様子が知りたい。それに「誘拐現場」も確認したい。

電話で在宅を確認し、行き方を教えてもらって訪ねると、サンドラが、次女の子ども二人と迎えてくれた。

「タイミングが良かったですね。実はもう、ここには住んでいないんです」

一年前のインタビューの際、彼女は、誘拐犯から直接・間接的に脅されていると話していた。それがエスカレートして、身の危険を感じるようになったため、シングルマザーで地方大学に通う次女が暮らす隣接州へ引っ越したという。ここへはたまに戻ってくるだけだ。そのせいか、家のなかはどこか雑然としている。

第三章で書いたように、長女は、麻薬犯罪組織のメンバーと知らずに結婚した男から逃れるために、娘を連れて実家に戻っていたところを、誘拐された。

「あの日、私は家を留守にしていました。長女とその娘、次女、長男の嫁がここにいたんです。そこへ八人の武装警察官が押し入り、長女と孫、嫁を誘拐しました」

警官らは、銃を撃ちながら家の奥の寝室へ侵入し、そこにいた三人を連れ去った。次女はベッドの下に隠れて、かろうじて難を逃れた。三日後、嫁は解放されたが、レイプされていた。そして長女とその娘は、

誘拐された長女とその娘を探すサンドラ．

未だに帰ってこない。

状況を説明しながら、サンドラが家を案内してくれる。ペンキが少しはがれ落ちた戸口の正面の壁、寝室の入口の戸などに、ところどころ、銃弾が撃ち込まれた痕がある。小さな台所とリビング、寝室一つのささやかなマイホームが、犯罪現場と化した証拠だ。

「事件後、私は長年勤めていた役所をクビになりました。娘の捜索を続ける私を職場に置いておくと、自分たちにも危害が及ぶと怖れたのでしょう。それ以来、私はここで駄菓子を売ったり、家財道具を処分したりしてお金を工面し、孫たちを養い、捜索活動を続けてきました」

娘たちを見つけ出し、犯人逮捕に至るための闘いは、困難を極めている。というのも、彼女の敵である誘拐犯は、地元警察メンバーだからだ。犯罪組織メンバーだという長女の元夫の父親は、地位の高い役人で、犯罪組織とつるむ地元警察を動かし、違法な金儲けや誘拐を実行しているという。だから息子の妻を連れ戻すために、警官を送り込んだのだ。隣人の誰もがその事実を知るが、警察を告発すれば仕返しされることが目に見えているため、サンドラを助けようとする者はいない。味方は、ともに捜索活動をするマリオたち、少数の被害者家族だけだ。が、三八〇人いた仲間も、現在は四〇人前後に減ったと、ため息を漏らす。

「それでも自分たちで捜索して、骨や遺留品を見つければ、連邦検察庁が鑑定をしてくれます。一年ほど前からは、連邦政府の被害者対応実行委員会が、捜索のためにかかる交通費を出してくれるようにもなりました。そうしたわずかな支援を活用して、私たちは家族を探し続けているのです」

サンドラはまた、連邦政府が実施する「懸賞金プログラム」にも入ることができた。失踪者の居所に関する情報提供者に、政府が懸賞金を支払うというものだ。しかし、「情報提供者」が出てくる可能性は、極めて低い。話をしながら幼い孫二人の相手をする顔には、深い疲労の色が見える。

別れ際、政府の支援を受けている被害者家族は新しい集会所へ引っ越した、と伝えると、わずかながらほっとした表情を浮かべ、こう言った。

「じゃあ、また教会で仲間と集まれるかもしれませんね」

それでも兄を探す

映画上映会の会場、町の公会堂へ行くと、マリオを含む五〇人ほどの観客が、人権活動家や学生グループらが制作した、誘拐・失踪に関する映像に見入っていた。私たちもしばし、鑑賞する。抽象的な表現のものもあれば、証言集のような作りの作品もある。

午後二時前、上映会の最後に、マリオが会場正面の壇上に立った。そして集まった人々に、失踪者家族のメッセージを伝える。

「「イグアラのほかの行方不明者たち」は、周辺の野山や森を捜索し、これまでに一五〇体以上の遺体と、一〇〇〇人以上の骨の一部を発見しました。それによって、多くの家族が生きる気力を取り戻しました。みなさん、どうかこれからも私たちの闘いを応援してください。孤立させないでください」

その呼びかけに、聴衆が力の込もった拍手で応える。

続いて、上映会企画者であるフランス人カメラマンが、閉会のスピーチをする。メキシコシティのデモで、マリオを撮影していた人だ。メキシコにおける誘拐・失踪問題に関するドキュメンタリー映画を制作し、欧米で上映しているという。

スピーチの後、彼が近づいてきて、

「僕の次の作品には、君も出ることになるよ」

と、笑いかけた。この問題には、国際的な関心の高まりが必要であることを訴えるために、マリオと話す私も撮影していたのだ。

町では午後、前日のメキシコシティでのデモを率いた「アヨツィナパ・ケース」関係者を中心に、事件当日に学生三人が地元警察の発砲により死亡した現場をまわり、祈りを捧げる行進が予定されていた。マリオも前半だけ参加するというので、私たちも同じタクシーに便乗して、デモの出発地点へと急ぐ。

移動中、彼のジーンズのポケットで、携帯電話のような音が鳴った。「こんにちは。今のところ特に何もありません。ありがとう」と、応答する。その様子と、使っているのが普通の携帯電話ではないのが気になり、「今のは、誰からですか?」と尋ねてみる。

「これは、政府の人権活動家保護プログラムのサービスなんです。二週間ほど前、人権団体の勧めで入りました。気休めですよ」

会話とメッセージのやりとりができる通信機器が渡され、希望する日と時間帯を知らせると、連邦警察が「生存確認」をしてくれるという。

「たとえば今日は、私が住んでいるウイツコからイグアラに来て、また帰宅するまでの間のサービスを依頼しました。その間、三〇分毎に電話がかかってきて、私が出ないと、何かあったということで、家族に連絡が行き、捜索が始まるわけです」

要するに、政府は、彼の命を守るというよりも、失踪時には早く見つけられるよう努力しているという姿勢を示すために、このサービスを提供しているわけだ。それでも「無いよりはマシ」ということだろう。

この生存確認の道具以外に、もう一つ、マリオの持ち物で気になっているものがあった。それは、首にさげている木製パチンコだ。先住民が野鳥を獲るために使うような、Y字型の木枝に石や何かを飛ばすためのゴムひもを付けただけのシンプルなもの。遊び盛りの少年でもジャングルに暮らす先住民でもない彼が、なぜそんなものを持ち歩いているのだろうと、不思議に思っていた。

「これは私の、唯一の自衛手段なんですよ」

問いに答える彼の表情は、どこかあきらめにも似た感情に満ちていた。が、もしかするとそのパチンコこそが、彼にとっての十字架、かすかな希望を託したお守りなのかもしれない。

デモ出発地点に到着すると、すでにメキシコシティから戻ってきたバスが数台並んでおり、人々が写真や花輪を手に歩き始める準備を整えていた。涼しいメキシコシティから帰ってすぐに、真夏のような日差

アヨツィナパ・ケース２周年に，イグアラで行なわれたデモ行進．

しが降り注ぎ蒸し暑いイグアラの町を、一時間以上かけて練り歩く。失踪者の家族は、行方のわからない身内への愛と、きちんと捜索しようとしない政府への怒り、正義への執念に突き動かされている。

炎天下、学生殺害現場二カ所をめぐり、あとは町の中心広場へゴールするだけとなったところで、マリオが、「そろそろウチへ行って、お話をしましょうか?」と、提案してくれた。私たちが彼の家族が暮らす村、イグアラから車で三〇分ほどの所にあるウイツコで話を聞きたいと伝えていたからだ。

マリオは、二〇一二年五月に誘拐され、身代金の支払いを要求された後、連絡が取れなくなった兄を、今も妹のマイラ(三七歳)と一緒に探している。彼らはウイツコとその近隣に生活しており、失踪者の捜索を求めるデモがあるたびに、現場へ赴く交通費を工面しては、参加している。そして一一月から六月末までの乾季の間、日曜ごとに「イグアラのほかの行方不明者たち」の仲間と、遺体や遺留品の捜索に携わっているのだ。

午後四時すぎ、デモ隊を見送った私たちは、タクシーを拾って、ウイツコを目指した。途中、隣人の葬儀に出ているというマリオの母親(六九歳)とマイラ、その息子(五歳)に墓地でおちあい、彼らの自家用車に乗りかえる。

山間の田舎道を走っていると、時々、貨物トラックとすれ違う。そのたびに五歳の少年が歓声をあげる。

「このトラックは、きっとビールを運んでる!」、「こっちはたくさんのお金だ!」

その声に、母親が苦笑いする。

やがてたどり着いた村は、こじんまりとした静かな所だった。簡素な住宅が並び、中心部にはまだ新しく美しい教会と、「美味しいアイスクリーム店がある」広場が見える。マリオの家族が口を揃えて、「美味しいので、食べて行きましょう」と言うので、私たちは車を広場の脇に停めて、店の前のテーブル席でアイスクリームを食べた。

「昔は夏になると夕涼みがてら、大勢の人たちがここでアイスクリームとお喋りを楽しみました。今では懐かしい思い出です」

マリオの母親が、寂しげにあたりを見まわす。この村は現在、イグアラと同じく、ゲレーロス・ウニードスの支配下にあり、殺人や誘拐事件が絶えない。だから、空が暗くなり始めると、ほとんど誰も外出しないという。麻薬組織が、地元警察や役人の一部とつながったことで、村の暮らしは大きく変わってしまったようだ。

アイスクリームを味わった後、緑生い茂る敷地に建つ彼らの家へ行った。それは亜熱帯の木々に囲まれた立派な一軒家で、亡きマリオの父親が、ビリヤード場を経営して稼いだお金で建てたものだ。マリオは、そのビリヤード場を継いだおかげで、兄の捜索活動にお金をかける余力がある。とはいえ、捜索活動に熱心になればなるほど、命の危険は増す。長男が失踪し、次男も危険な捜索活動を続けるグループを指揮していることに、母親は大きな不安を抱いている様子だった。

失踪した兄を探すマリオ(中央)と妹のマイラ(その左)，そして家族.

自宅前のテラスでコーラを飲みながら、しばし、マイラやマリオと話をする。

「母は、兄が失踪してからずっと、沈みがちなんです」

私たちにコーラを出すと、家のなかへと消えた母親の背中を見つめながら、マイラが漏らす。

「貧しい若者にはまともな仕事も学問の機会も与えない国では、彼らが組織犯罪に関わることを避けることができません。近頃、子どもたちに正しい道を示すのが、とても難しいと感じます」

彼女は、まだ幼い息子の将来が心配なのだろう。

そこへマリオが、確かめるように、私にこう問いかけた。

「あなたの話では、州政府の支援を受けている被害者グループは、もうあの教会には集まらなくなったのですね?」

一年前にはこの地域で失踪者を探す家族全員が、毎月一度集まっていた教会のことだ。「そうです」と答えると、

「それなら私たちはまた、あの教会に集まることができるようになるかもしれません。あそこの神父さまは、私たちの良き理解者なので、きっと戻ると喜ばれるでしょう。州政府側に付いた人たちは、貧しさのあまり、与えられる様々な支援に期待しています。そうした支援がないと、生活できない人もいます。でも、政府が失踪者を捜索してくれると考えるのは、間違いです」

そう語る兄を横目に、マイラは立ち上がって家のなかへ。そして数分後、赤と透明のビーズでつくったブレスレットと、鮮やかな青いリボンのついた麦わら帽子を手にもどってくると、それを私に手渡した。

「はるか日本から、私たちの話を聞きに来てくださったお礼です。記念に持っていってください」

不意の出来事に驚きながら、私は贈り物を受け取り、彼女を抱擁した。マリオが公会堂で話していたように、彼らにはきっと、自分たちの闘いの目撃者と連帯が必要なのだ。孤立すれば、犯罪組織やそれに手を貸す権力側の人間に、抹殺されてしまう。

夜七時すぎ。そろそろイグアラに戻らなければ、メキシコシティへ帰るバスに乗り遅れてしまう。私たちは、日本が好きだというマイラの息子とその従兄に、持っていた折り紙で鶴を折ってプレゼントした。目の前で折り紙を見るのは初めてらしく、思いのほか、喜んでくれる。それからマリオとタクシーを拾い、帰路についた。彼は、村からイグアラのほうへ少し走った所に妻と暮らしており、そこで降りると言う。

ほんの七、八分ほど同乗したタクシーのなかで、マリオはこんなことを語り始めた。

「実は、マイラと母は、米国行きを考えているんです。ここはあまりにも危険なので、向こうにいる親戚を頼ろう、と言います。でも私はやはり、ここを離れるわけにはいきません。私もいなくなってしまえば、政府や検察がまじめに捜索するはずはないですから、兄は永遠に見つからなくなってしまう。私は兄を見つけるまで、ここにいなければならないんです」

いつもは優しい笑みをたたえている顔が、苦悩の影に覆われる。その心の奥には、ともに闘ってきた妹が離脱することへの不安や、命が奪われるかもしれないという恐怖など、深く複雑な葛藤があるのだろう。

タクシーを降りる時、「今度はぜひウチに泊まりに来てくださいね。二階の部屋からは満天の星が見えますよ！」と、笑いかけた彼の顔が、私の目には、孤独な修道士のように映った。

5

国家の再建

Reconstruir el país.

強制的失踪問題に対する政府の対応に抗議の声をあげる市民.（メキシコシティ）

「私は二〇一四年、メキシコシティで学生四三人の誘拐・失踪事件の解決を迫る大規模デモが起きた時、この事件は一気に解決するのではないか、そしてほかの失踪事件の捜査にも進展があるのではないかという期待を抱きました」

マリオの妹マイラは、そんな思いをもらした。「アヨツィナパ・ケース」が生み出した市民運動が、政府を動かす。そう期待を膨らませた失踪者の家族は、多かったようだ。しかし、その希望は、政府による「歴史的真相」のでっちあげにより、完全に打ち砕かれた。私自身、一九八〇年代半ばからずっと見つめ続けてきたメキシコを襲っている怪物は、「麻薬戦争」というセンセーショナルな呼び名や、新聞やネットで流れる残酷な写真・映像以上に、おぞましいものであると感じている。その姿をきちんと捉えるには、冷静に事態を分析する目が必要だ。

マフィア的平和

カウセのカルロスが、その「冷静な目」を持つ人物として、ある人の名を挙げた。それは、彼とモンテレイに行った際、私と篠田が何者かにつけられていると警告してきた、あのエドガルド・ブスカグリア博士(五六歳)だ。

世界各地で治安問題や紛争解決のアドバイザーを務めてきた、米・コロンビア大学教授のブスカグリア博士は、マフィア国家に立ち向かう人々を苦しめているメキシコの現実を、彼自身が現地調査してきた世界の実情と比較しながら、メキシコ国内に築いた人的ネットワークを駆使して、調査、分析している。私は、カルロスに聞いた名前と経歴から、さっそくインターネットで連絡先を探し出し、コンタクトを取った。そして、二〇一二年九月、彼が講演をしていたメキシコ国立自治大学のカフェテリアで食事をしながら、インタビューをした。カルロスが、「非常に頭のいい人物だ」と評していた通り、その話は実に簡潔で的を射たものだった。

スリムな体型でスーツを着こなすブスカグリア博士はまず、メキシコ麻薬戦争がもはや、その「名」とは別次元にあると、話を始めた。

「麻薬カルテル、という呼び名は的外れで、現在のメキシコの犯罪組織にふさわしいものではありません。彼らはむしろ、〝犯罪の多国籍企業〟で、世界五四カ国を舞台に多様な犯罪ビジネスを行なっています。しかも、組織犯罪を行なう集団でありながら、組織としての秩序を持たない、無秩序な状態にある。これを(これまで政権が行なってきたように)武力で封じ込めるのは、不可能です」

博士によると、メキシコのカルテルは幅広いビジネスを展開するために、すでに国際的なネットワークを築いており、二〇一二年現在、彼らが扱っている業種は麻薬の密売を筆頭に、武器の密売、石油の横流し、臓器売買、DVD・CDの海賊版販売など、実に二二種にも及ぶということだった。薬物ひとつをとっても、いわゆる麻薬を取引するだけではない。麻薬と同じ効果を持つがまだ違法薬物リストに載っていない錠剤を、三二〇種、自らの資金力とルートを駆使して製造・販売しているというのだ。

彼らのビジネスを可能にしているのは、まず国内各地に築かれた政治家や企業、警察や司法関係者を含む公務員との、直接・間接的ネットワークだ。組織メンバーは各々、担当しているビジネスを拡大するために、地方有力者と独自の利害関係を築いているという。

「国際市場では、グローバルな新自由主義経済システムが、組織とビジネスのあり方を変えました。コロンビアの麻薬カルテルのように、ほぼコカインのみを扱い、その販売をめぐって縄張りを分け合う、あるいは対立する、というスタイルは消滅し、多種多様なビジネスのための原材料から商品までを、組織内の複数のグループで分担し、外国の組織や企業ともつながって、国境をまたいだ取引をするのです」

博士によれば、その結果として、メキシコの国内総生産のおよそ六七パーセントは、カルテルと何らかの形でつながっている「合法的な企業」によりもたらされているという。

その口もとから滑り出てくる分析に、私はただ驚き、頷いていた。

「組織はその内部においても、外部集団との関係においても、グループごと、あるいは商品ごとに覇権争いをしており、そのせいで武力対立は複雑化し、さらに激化しています」

組織と関わる政治家、企業、公務員を含め、人々は皆、自分の敵がどこにいるかを正確に知ることが困難になっていると話す。そして、ハビエル・シシリアと同様に、PRI体制が現状に大きな影響を及ぼしていることにも言及する。

「PRIの一党独裁が続いた時代は、良くも悪しくも、犯罪組織と役人や政治家の関係が安定し、言ってみれば、〝組織的不正行為〟が成り立っていました。一定のルールに従った取引をすることで、組織(カルテル)の標的は特定の範囲に絞られ、一般市民が無差別に殺されるようなことはなかったのです。しかし今は、政治が組織を自らの監視下に置くためのルールがない」

この変化は、メキシコ社会の秩序を根本から揺るがしている。

このインタビューからおよそ一年後の二〇一三年一〇月、博士は、『メキシコにおける権力の空白』というタイトルの本を出した。それ以降、メキシコの社会派メディアによるインタビューで、この「権力の空白」という言葉を多用している。メキシコという国家は現在、どんな形であれ、犯罪組織をコントロールする力を持たない。つまり国家権力が機能しない空白部分があまりにも多く存在し、その穴を、カルテルを代表とする強大な犯罪権力が埋めている、肩代わりしているというのだ。

「メキシコで、麻薬戦争に終わりが見えず、正義が行なわれないのは、国家権力が機能不全に陥っているからです」

ブスカグリア博士は、国家がバラバラに分解していることが、正義の実現を阻んでいると、二〇一六年九月の『プロセーソ』誌のインタビューで語っている。

「国家の一部は犯罪組織とつながり、別の一部は彼らと戦っています。たとえば警察にも、麻薬カルテルと戦う者もいれば、彼らと結託している者もいる。だから、強制的失踪も、全国で無秩序に起きるのです。時にジャーナリスト、時に社会活動家、あるいは恐喝に応じなかった企業家や、犯罪者自身の間で起きる」

犠牲者が出ても、分裂した国家内部の汚職と腐敗のために、罰せられるべき人間が罰せられない。メキシコでは、誘拐・失踪事件の九九・九パーセントが、未解決だ。つまり、「アヨツィナパ・ケース」に限らず、真犯人は権力内部の協力者や仲間に守られ、法で裁かれない。

組織犯罪絡みの殺人や誘拐をなくし、この「不処罰」の悪習を変えるには、軍による武力行使や警察の増強をするのではなく、国家をできる限り「浄化する」ことが必要であると、博士は説く。地方および国家レベルの役人や警察官など、国家のために働く人々や組織の内部に、犯罪組織が入り込む余地をなくすよう、民主的な方法で制度改革を行なうことこそが、真の平和をもたらす、というわけだ。

「各州に継続的に独自の内部調査を行なう機関を置き、それらが地域を超えて連携した活動を行なうことで、役人や警察官を常に民主的な方法で統括すべきです」

そうやって、公権力と犯罪組織が結びつかないような予防策をとり、政治腐敗を防ぐことによって、あらゆる選挙の候補者リストに犯罪組織の魔の手が入り込まないようにすることが、不可欠だという。そうしなければ、すでに起きているように、腐敗は連邦政府の内部にまで浸透する。その具体例として、博士はカルデロンが大統領時代、公安省(二〇一三年に解体)のトップにヘナロ・ガルシア・ルナを任命し、通常の二〇倍の予算を与えたとたんに汚職が増え、犯罪と人権侵害が急増した事実を挙げた。

「大きな予算を与えることは、非道な弾圧を行なう能力を高めるだけだということが、(カルデロンには)わからなかったのでしょう。結果は、二万七〇〇〇人を超える失踪者の山でした」

結局、現在のような国家体制の下では、警察や軍の投入は犯罪組織が邪魔者と見なす人間や罪のない人々を傷つけ、この世から消し去ることにしかつながらない。にもかかわらず、メキシコ政府は依然として、小手先の対応のみに終始している。軍の市街地での任務を拡大するための法改正まで模索している。それは市民の不安を高めこそすれ、問題の解決には結びつかない。

博士は言う。

「現在のメキシコにおいて、ある地域での殺人件数が減少するのは、(警察や軍のおかげではなく)特定の犯罪組織がその地域を制圧し、ほかの組織を追い出し、地元政府と結託した時です。まさに、マフィア的平和、なのです」

「マフィア的平和」は、国家機関内部の人間たちが犯罪組織と悪魔の契約を交わすことで、築かれる。

「この構図を変えるためには、被害者と一般市民が団結して、議会に圧力をかけ、政府に正しい対応を迫ることが重要です。ところが政府は、被害者らが団結しないよう、お金を使って取り込みを図る。私はブラジル、コロンビア、アルゼンチンなど、世界各地で調査をしてきましたが、こんなに多くの金を、市民を買収するために使っている国は、見たことがありません」

金と力にものを言わせ、マフィア的平和を維持し、自らの利益を守ろうとする「マフィア国家」が、正義のために闘う市民の前に立ちはだかっている。

対話するメキシコ

マフィア国家に、このまま飲み込まれるわけにはいかない——。

二〇一四年七月、一九九四年一月一日の北米自由貿易協定の発効に合わせて武装蜂起した「サパティスタ民族解放軍」(EZLN)と政府の和平対話の仲介役として活躍した、故サムエル・ルイス司教の右腕だったラウル・ベラ司教(コアウイラ州サルティージョ司教区)は、市民の手で真に民主的な国家をつくるための行動を起こそうと、人々に呼びかけた。そして、まず全国で既存の憲法について市民が学び、その中身と現実に実施されている政策の矛盾を議論して、新たに市民の声を反映した憲法をつくろうと提案する。この運動は、市民が憲法の本質を学ぶための教材を提供し、各地でささやかながら勉強会が実施され、市民の声を集める集会が開かれた。フアレスのカタリーナたちのように、社会変革を志す市民も、その集会に参加した。

変革実現を目指す市民は、その後、より直接的な政治行動に乗り出す。すでに見てきたように、選挙を通してPRIを倒し、自らが暮らす地域において、市民の声を政治に反映する候補者を選出、あるいは反映すると約束した政治家を支持する方向へと、歩み出したのだ。

メキシコシティを主要な活動拠点とするカウセのカルロスにとっても、市民自らが政治に参加することは、もはや必要不可欠なこととなっていた。彼は、少し前からスペインの市民政党「ポデモス」(私たちはできる、の意)の動きに注目し、より直接的に政治に関わろうと考えていた。ポデモスは、先に紹介した市民運動15Mで市民参加の必要性に目覚めた人たちが生み出した政党で、二〇一五年のスペイン総選挙では、下院議会で保守派の国民党(PP)と中道左派の社会労働者党(PSOE)という二大政党に続く、第三党となった(二〇一六年に再選挙となったが、ポデモスは第三党を維持した)。カルロスは、このポデモスの動きを見ながら、自らの政治行動を計画していた。

ある時、彼は言った。

「社会に暴力がはびこる背景には常に、資本主義社会の拝金主義と、依然として解消されない貧富の格差がある。だから、私たちは非暴力を訴えるのと同時に、経済そのものの仕組みを変える努力をすべきじゃないかって思うんだ」

そして、それができる政治や社会を創る市民運動を推進することが重要だ、と主張した。その考えが具体的な行動として現れたのが、失踪被害者家族への支援活動や、カウセの若者たちとクアウテモク・カルデナスの対談、そして先に述べた、彼自身の「メキシコシティ憲法起草委員会」への参加だろう。「何事もやってみなければわからない。実は僕自身も、地元の地区議会から始めて、政治に直接関わることを考えているところさ」

意味ありげな笑みを浮かべる顔には、市民の力で政治を変えようという意気込みが現れていた。できるだけ幅広い市民の声を結集し、イデオロギーや所属政党、組織という枠を超えた政治プログラムをつくり上げ、それを実行できる人間を政界へ送り込む。そのアイディアをある程度まで現実のものとしたポデモスの動きは、かつてスペインの植民地だったラテンアメリカの多くの国々で、左派の政治家や知識層、市民に勇気とインスピレーションを与えた。

二〇一五年のインタビューの際、ハビエル・シシリアも、異なる角度からだが、同じような提言をしている。国家を再生するためには、「下からの、国民の団結と政治的倫理にもとづく、新たな政治協定をつくることが必要」だと話した。

「メキシコはもう一度、革命を必要としています。被害者家族の運動、各地に生まれている自衛組織、一九九四年に武装蜂起し、チアパス州で自治を展開するサパティスタ、そのほかの市民団体や人権団体、教会関係者など、多くの人たちが同じことを感じています。政治システムは、時代とともに変化を要するものです。フランス革命以降の自由主義はすでに機能しなくなり、私たちは今、その最終段階である新自由主義を生きています。経済的権力が政治を圧倒し、支配している。政治的なものは、決して経済的なものに仕えてはなりません。これを変えるには、国民が団結し主体となって、新たな政治協定、社会契約をつくらなければ」

そして、まず失踪被害者家族の運動や自ら率いるＭＰＪＤの活動においても、真の連帯を築き上げることが重要だと語った。

「アヨツィナパ・ケースの運動は、師範学校の教師や活動家など、ゲレーロ州でのゲリラ活動の伝統を継ぐ左翼の人々に支えられています。この師範学校の出身者には、六〇年代、七〇年代にゲレーロ州でゲリラ活動を率いたヘナロ・バスケスやルシオ・カバーニャスがいます。革命の伝統が、四三人の運動を動かしている。そのため、古い左翼イデオロギーにこだわりすぎて、周囲との協調や連帯の必要性を認めようとしない部分もあります。ＭＰＪＤも現在は、目的ごとにいくつかのグループに分かれて活動していきます。同じ行方不明や殺害犠牲者の家族の間でも意見の相違があり、それが表面化してきたからです。しかし、これも再結集していくつもりです」

加えて彼は、クアウテモク・カルデナスが中心となって進めている運動にも、関心を持っていた。

「カルデナスも、国の再構築を呼びかける運動を提起しています。様々な人が手を結び、新しい憲法を市民の手でつくり上げ、国の再生のために、正義、平和、経済、民主主義、安全という五つの点をカバーする政治プログラムを、国民全員で作成することができれば、私たちは真の変革を達成することができるでしょう。私はアナキストですから、(新国家ではなく)政治・社会的協定をつくることを提案します。私個人の理想は、(先住民の)サパティスタ運動が築いてきたような、小さな自治体が集まった連邦のような国です。メキシコは多様な地域が集まったモザイク国家ですから、これまでのように上から下への押しつけで統一するのではなく、それぞれが自分にふさわしい形で統治する国にしたいのです」

彼がこう話した約一年半後の二〇一七年二月、彼を含む多くの著名人が、カルデナスの呼びかけに応じ

クアウテモク・カルデナス．

て、「ヤマード・ポル・メヒコ」（メキシコのための呼びかけ）というイベントに集まった。これはカルデナスが推進する市民政治プロジェクト「ポル・メヒコ・オイ」（今のメキシコのために）が開催したもので、「私たちが望む国は」というテーマで市民の声を集め、できるだけ多数の意見を反映した「メキシコの変革のための政治的合意」をつくるという試みの、第一歩だ。そこには、政治家、ジャーナリスト、宗教者、俳優と、多様な分野で活躍する人物を含む、約四〇〇〇人が集結した。

二〇〇四年に公開された映画『モーターサイクル・ダイアリーズ』で革命家チェ・ゲバラの若い頃を演じて日本でも人気を得たメキシコ人俳優のガエル・ガルシアは、

「この雑多で多彩な国において、私たちが望む国について議論することは、一人ひとりが自分は何者なのかを考える、まさに未来へ向けての行動です」

と言い、同国人はもちろん、様々な国の人と未来について話し合い、変革を起こそう、と語りかけた。

少女や女性への性的虐待・搾取の問題に取り組む社会活動家として知られるジャーナリストのリディア・カチョは、

「私たちは今、この下層部(市民レベル)から、すべての人が平等な世界を保障する、新たな憲法をつくりあげていこうとしています。本当の意味で誰もがそこに含まれる、男が女の上にいるのは、喜びに満ちたベッドにおいてだけである世界を実現する憲法を!」

とスピーチし、参加者の喝采を浴びた。

米国を目指してメキシコを旅する移民たちへの支援で知られるアレハンドロ・ソラリンデ神父は、最も人々を惹きつけるスピーチをした。麻薬戦争が明らかにしたメキシコの悲惨な現実と、トランプ大統領による攻撃を逆手に取り、こう述べたのだ。

「これは私たちにとって、大きなチャンスです。変革に取り組む、という特権のある時代を生きることになった、とでもいうべきでしょう。トランプ(米大統領)のおかげで、私たちは米国がどんな国なのか、彼らと私たちがどれほどみっともない関係にあるのか、私たちの国がどんな国なのかに、気づくことができました。と同時に、私たちが望む国について、夢を抱く機会も与えられたのです」

そして、現在の社会構造や政府ではメキシコの前進は望めないことを確認し、「この体制は腐り、毒されている」と表現したところで、大勢の拍手を誘った。

「私たちは何者で、何者になりたいのか、自分自身に問いかける必要があります。これまで私たちは、自分たち自身の、この国の先住民の価値観を粗末に扱い、〝北〟ばかり見てきました。しかし、米国が突き放してくれたおかげで、自分自身を見つめ、〝南〟に目を向ける機会を得たのです」

そう語りかける神父は、「この会場にはいない先住民」が守り続けてきた価値観や知恵、大自然がメキシコに与えている真の価値と豊かさについて、聴衆に説いた。真の豊かさと変革の芽は「南」にある、と訴えたのだ。そして、先住民を含む、すべてのメキシコ人が尊重される国をつくろうと、呼びかけた。そのために欠かせないのは、

「すべての市民が真に参加できる(国家の)体制を築くことです」

神父は、国づくりに国民の声を反映することを目指すこの場に、この国が持つ「多様性」が存在しなければ、先住民の姿がなければ、この集まり自体が偽善となりかねないと、忠告した。多様な人々の声に耳を傾け、汲み取ることのできる人間を政治の場に送り出す。送り出された者は、聞き取った声を政治に反映することに全力を注ぎ、その結果をきちんと国民に伝える。そういう「参加の構造」が、不可欠だと主張した。

「対話するメキシコ、が必要です」

その実現のために、立場を超えて、すべてのメキシコ人が「メキシコ」のみを旗印に結集しよう。それが、彼の提案だった。そして、話はこう締めくくられた。

「私は各地で、人々が変革を望む声を耳にしました。変革を夢見て、可能だと信じることができれば、それは実現できるのです」

メキシコの再生

この集会に合わせて、「ポル・メヒコ・オイ」のウェブサイトでも、新しい国づくりの基本的な考え方を提案する文書が発表された。その内容は、二〇一四年一一月に「ポル・メヒコ・オイ」が発足し、そのプロジェクトの活動のなかで、カルデナスを中心に様々な個人やグループが意見を出し合い、形作られたものだ。むろん現段階で国民多数派の声を代表するものではないが、国の再生のために闘う人々の思いを知るために、良い材料となる。

そのなかには六つの軸があり、それぞれ、だいたい次のような中身になっている。

◇もうひとつの統治方法

市民が参加し、真に国民の利益となる発展を模索する統治の実現を掲げる。スペインの市民運動15Mでも語られた「直接民主主義」の精神を、できるだけ反映しようという考えだ。

また、各地域の自治と独自性を尊重することを強調し、南東部チアパス州で現在、サパティスタ先住民自治区が行なっているような、独自の統治のあり方を認め、後押しすることも示唆する。

マスコミのあり方にも触れ、これまで企業や政治権力に統制されていた情報を、市民の手に取り戻し、一部の人間にコントロールされ、限定的に発信あるいは入手されてきた情報を、平等で民主的な形でやり取りできるようにすることを目指す。

また、あらゆる統治レベルにおいて、人権や暮らしの安全、司法による正義の実現を保障し、本当の意味で法治国家になること、政府機関が市民に誠実に働くことも目標に掲げる。

そして何より、それらのことを実現したうえで、犯罪組織や麻薬密売の撲滅のために、まずは国民の大多数が抱える社会・経済的問題、つまり教育や雇用、貧困の問題を解決することが重要だと述べる。と同時に、マリファナの合法化といった、麻薬の扱いについても、国民の声を幅広く聞いて議論することを提案する。

◇もうひとつの経済発展のあり方

階層間、地域間、男女間、個人の間といった、様々なレベルにおける不平等や格差の拡大を問題視し、貧困問題が広がっていることに警鐘を鳴らす。問題の原因を、石油産業や電力業の私有化をはじめとする新自由主義的な経済政策に見い出し、市場原理に依存するのではなく、国家が国民全体の利益を考えた経済政策を実行すべきだと主張する。国内経済の基盤を強化して、持続可能な経済を築く政策をとることを通して、所得の再分配と継続的な雇用の維持を目指す。

各地方の資源や産業を生かした地域経済の再生と強化も提言する。と同時に、カルデナスの父、ラサロ・カルデナスが実施した土地の再分配やエヒードと呼ばれる農業共有地制度、石油の国有化など、国民に高く評価されていたにもかかわらず、新自由主義経済政策を推進する政権によって反故にされてきた政策の見直しを訴える。そして、あらゆる分野において、私企業の利害ではなく、国民の利害を第一に考えた経済政策を推し進めることを提案する。

◇平等な社会的権利

経済面での改革を進め、所得格差や雇用機会の不平等を解消したうえで、様々な社会的権利を保障することを目指す。と同時に、メキシコ社会全体、それを構成する各コミュニティにおいても、女性、子ども、若者など、これまで多くの権利を奪われてきた人々が、対等な立場でそこに参加できるようにする、意識的な取り組みの必要性を訴える。

そのために、すべての市民が互いの立場と権利を認め合い、今よりも豊かで人間らしい暮らしを保障される社会的合意を築くことを呼びかける。そして、国家と国民一人ひとりが、持続可能な社会づくりを目指すことが、人々の権利を保障することにつながると主張する。

教育についても、機会の平等はもちろんだが、その中身自体を見直し、知識と日常がより結びついた形で理解できる教育方法の開発や、科学分野の強化などを図ることを提案する。

文化面においては、多様な文化の尊重と共生を志し、独自の歴史や文化、自然を再評価して保護し、すべての国民が文化を享受できる環境を整えて、多様な文化表現の自由を保障することを目標とする。

保健医療面では、憲法で保障された健康な暮らしが、真の意味で保障される制度を築き直す必要があると断言する。個人や地域の条件に左右されずに、すべての国民が伝統的治療方法から先端医療まで、必要に応じた医療サービスの提供を受けられるようにすることを掲げる。

◇地方や都市のもうひとつの維持方法

経済的利害にばかり左右されてきた地方や都市のあり方を、そこに暮らす人々や自然、文化にふさわしい形のものに変えて、人と自然が共生する地域づくりを、国家と市民の責任で推進していくことを提言する。特に、都市と地方の格差を解消し、それぞれがその潜在能力を十分に生かした形で豊かになれるような政治戦略を、長期的視野に立って考えていくことが大切だとする。そのために、地域の予算作成やその使用方法に、市民が直接関与することを勧める。

また、住宅バブルの原因となるような住宅を投機の対象、商品として扱う考え方を批判する。

◇世界とのもうひとつのつながり方

「メキシコは、地政学的にみて、北と南、東と西、すべてをつなげる可能性を持つ」として、これまでの米国依存を脱却し、独立国家として、またラテンアメリカ・カリブ諸国のコミュニティの一員として、バランスの良い国づくりをすることをうたう。そのために、外交においても、世界の環境、食料、軍拡、テロ問題について、独自の立場で提案できる国家となることを目指す。

そもそもメキシコは、これまで自由貿易協定などを通して、「北米」の一員として、米国やカナダと対等な立場にいたはずであるのに、両国にほとんど無視されてきた、と指摘。トランプ政権誕生後は、新たな戦略が求められると警告する。

また、中米諸国との関係では、彼らを軽視し、差別的な態度をとり、移民に対しても冷淡だったと反省し、南米の重要性も十分に認識していなかったと振り返る。そして今後、多様な世界を築いていくうえで、改めてラテンアメリカ全体とのつながりを強化し、米国のメキシコ人社会とも連帯しようと呼びかける。移民の権利を互いに保障し合い、南北アメリカのどこにおいても、移民が人権を尊重される状況を生み出すことを提案する。

貿易においては、米国主導の新自由主義的グローバル化ではなく、「持続可能」を前提とする、平等な世界を築くための貿易体制の構築を目標に掲げる。

◇もうひとつの憲法

すでに存在する社会的財産を保持し、市民の利害に反する形で損なわれてきた事柄を回復して、新たな時代にふさわしい、市民の社会的権利をきちんと保障する憲法を、市民の力を結集して、これから起草しようと呼びかける。

それを実現できるだけの力が集まった時、国家の変革と再生は、可能になるというわけだ。

二月のイベントの約一カ月後にあたる三月二五日には、この文書をもとにした、市民による対話が始まった。その声はまだ、一億人を超えるメキシコ国民の、ごく一部のものにすぎない。が、メキシコの人々がただ麻薬戦争に打ちひしがれ、国家を変革することをあきらめているわけではないことをはっきりと示す声であることも、確かだ。

メキシコの再生を本気で考え、そのために行動する市民は確実に存在し、その声はじわりじわりと広がりつつある。

エピローグ

深い悲しみと強い意志から生まれる熱気に満たされたメキシコシティ博物館の中庭で、二〇一五年九月、失踪被害者家族から議員らに提案書が手渡された、強制的失踪被害者に関する「失踪法」は、それから一年半以上経った現在もまだ、成立していない。メキシコ政府には、強制的失踪やその過程で起きる拷問、超法規的殺害といった人権侵害や犯罪に対する関心も対応責任の意識も、まるでないように見える。被害者家族の苦しみは置き去りにされ、失踪者の捜索など最も急務とされている事柄は依然として、当事者の努力に大きく依存している。

二〇一七年四月現在、二五〇以上の遺体が発見されている東部ベラクルス州コリーナス・デ・サンタフェでは、二〇一六年八月以来、被害者の母親たちが先頭に立って、秘密裡に埋められた失踪者の遺体の捜索と発掘を進めていた。地元紙によれば、母親たちは、ベラクルス市内で捜索要求デモをしていた際、見知らぬ人物に、無数の十字が描かれた絵地図を手渡された。そこで、州検察庁や科学警察の支援を依頼して地図に示された一帯の捜索を始め、巨大な「秘密墓地」を発見する。これまでに見つかったカルテル絡みの秘密墓地のなかで、最大規模のものだ。

この事件を知った時、私はふと、あのハビエル・シシリアの言葉を思い出した。

「まともな調査が行なわれれば、出てくる数字(失踪者の遺体の数)は、恐ろしいものになる」

まさにその事実が、徐々に明らかになろうとしている。

このおぞましいほどに理不尽な現状を打破し、人々が安心して暮らせる国をつくるには、やはり市民自らが、国の変革の主役になるしかない。それを、私たちは深く思い知った。

一九八〇年代、私がまだ学生の頃、メキシコの貧乏学生だった友人たちは、大学や彼らの下宿先に集まりメキシコの社会問題について議論をしては、こう繰り返した。

「メキシコ革命は未だ完結せず」

二〇世紀初頭の革命の本来の目的が、まだほとんど何も達成されていない、実現の方向へ向かっていないと感じていたからだ。いや、むしろ革命闘争は後退しているとすら、考えていた。

そして今回、取材で出会った人たちの口からは、さらに厳しい思いが発せられた。たとえば、ハビエルは、

「メキシコは再び、革命を必要としている」

と、説いた。失踪した兄を探すマリオも、

「たとえ私たちが死ぬことになっても、今闘いを始めることで、何十年か後にはきっと、メキシコの市民も自由で平和な生活を享受できるはずです」

と訴えた。彼らは、三〇年近く前にわが友人たちが批判した国家が、革命の理想をもはや完全に捨て去り、国家としての機能すら果たしていないことを悟り、市民の手でもう一度築き直す覚悟をして、その同志を集めようとしている。彼ら市民の問題意識と覚悟こそが、「二一世紀のメキシコ革命」をもたらす力となる。

では、「二一世紀のメキシコ革命」とは、いったいどんなものなのか。

それは、「メキシコ革命」であると同時に、「私たちの革命」でなければならない。私はそう思う。多国籍企業と化したカルテルと腐敗した公権力が結びついて動く「マフィア国家」を解体し、再建、再生させるには、そんな「カルテル」や「公権力」を生み出した「世界」のあり方を、変えなければならない。

貧しい農家の息子だった男たちを麻薬王にしたもの、彼らの下で働くことでしか生きられない若者たちを生み出したもの、悪の道にハマった者たちに武器を取らせ、残忍になることを許したもの、そうした犯罪者に加担する公権力を容認するもの……、それらはどれも、メキシコ一国、その政府と国民だけに関わるものではなく、もっと大きな力と流れによってもたらされている。その力の正体を知り、流れを平和的な手段で変えなければ、二一世紀の革命は、成功しない。

麻薬が国境を越えた取引の材料となったのは、おそらくイギリスの東インド会社がアヘンの輸出を始めた一八世紀以降のことだろう。アヘン戦争でも知られるように、麻薬取引は、常に利害の対立や戦争の火種となるものであり続けてきた。先進国の人間を中心に、お金を支払って麻薬を購入、常用する者が出てくると、その需要と供給にもとづくビジネス戦争は、「麻薬禁止」の動きと、「だったら隠れて売買する」という「闇取引」の拡大という現象を、世界へと広めていった。

と同時に、競争の原理にもとづく資本主義が、ソ連・東欧社会主義圏の崩壊に伴って、世界経済の主流となった。すると、あらゆるビジネスはグローバル化していき、市場では、表であろうが裏であろうが、需要と供給のバランスだけが、絶対的な価値基準となっていく。そして、国民の幸福を考えるのが本来の役割であったはずの国家までもが、いつの間にか、経済論理にもとづき、企業や自らの利益ばかりを考えるのが役割であるかのごとくふるまうようになっていった。その結果としてできあがったのが、現代の資本主義世界だ。

現代の資本主義世界では、要領よく大金を手に入れる者が、最も賞賛され、成功者とされる。そんなビジネスを仕切る人間、企業、その協力者たちが優遇され、そうでない人間は、どんなにすばらしい、人のため、社会のためになることに取り組んでいても、ほとんどの場合は評価されない。表立って評価されたとしても、それはその人が、社会的地位の高い人間であるから、という場合が多い。そこに、正義や平等の精神、モラルや友愛を大切にする、人間的で民主的な考えは、ない。あえて極端な言い方をすれば、現代世界での成功者は、しばしば、自らの手で人殺しはしないにせよ、非人間的でマフィア的な経済組織・制度の頂点に上りつめた者たちだ。

それはたとえば、武器取引を見れば、わかる。米国を筆頭とする多くの「先進国」で、治安問題や平和を語る時、政治家も企業家も市民も、こぞってテロや殺人、銃の不法所持といった事柄を問題視する。が、その一方で、これまた米国を筆頭に多くの「先進国」が最新兵器の開発など軍事産業に力を注ぎ、莫大な利益を得ている。「悪人」が武器を使い、闇で取引するのは駄目だが、「善人」がその武器を大量につくって売って儲け、その開発に巨額の資金をつぎ込むことは、良しとするのだ。それこそ、マフィアの論理と大差ない。そんな世界のどこに、正義や平和、民主主義が存在しうるというのか。

米国は、武器を大量に製造しているが、それを使った犯罪は、メキシコよりも少ない。が、メキシコで犯罪組織に使用されている武器の大半は、米国のスーパーでジーンズを買うのと同じくらい簡単に購入できる米国製品だ。なのに、米国はメキシコばかりを責め、製造し販売している側の問題は棚上げにする。

現在の資本主義世界では、その法律が悪法であろうがどうであろうが、「合法的」にお金を儲けることは「善」とされるからだ。

国家が国民の幸福のために働く世界を実現するためには、私たちが、真の意味でのグローバル化を目指して、動き出さなければならない。現在のように、既存の資本主義経済の論理をもって、国や世界を動かすのではなく、人々の幸福を実現するための理想と合意をもって、世界の政治、経済、社会の仕組みを築き直していかなければならないのだ。「競争の勝ち組」が主人公となるグローバル化ではなく、誰もが参加できる仕組みのグローバル化を図り、国際的な連帯社会をつくることを目指して、走り出す。私たちは、そんな時期を迎えている。

では、そのために、どんなことをすべきなのか。

二度目のファアレス訪問の際、私たちは、カタリーナの誘いで、おもしろい演劇プロジェクトに参加した。それは「サファアリ」と名づけられた企画で、スペイン生まれのメキシコ人俳優、ダニエル・ヒメネス・カチョをはじめとする六人の俳優が、ファアレスの西端にあるスラムを舞台に、住民とともに作品をつくり上げるというものだ。プロの俳優一人が、スラムに暮らす一つの家庭に二週間住み込み、その家の住人と二人で、日常生活からシナリオをつくる。そして、一〇人一組のグループで家に案内される観客に、その作品を二人で演じて披露する。

二〇〇〇円弱のチケットを購入した観客は、当日の昼下がり、「午後五時に、〇〇に来てください」という電話を、俳優本人から受ける。集合場所へ行くと、そこから俳優と観客一〇人でマイクロバスに乗り、丘の上のスラムへと走る。そして、一軒に招かれ、家庭料理や飲み物をごちそうになりながら、俳優と住人による劇を鑑賞する。時には自分たちも参加しながら。

　私と篠田はまず、息子の妻が失踪し遺体で発見されたという女性の家で、彼女の身の上話を交じえた芝居を観た。息子が容疑者にされたこと、孫が母親を失ったことなど……作品に込められていたのは、ファレスで麻薬戦争に巻き込まれた人たちに共通する、心の叫びだった。二軒目は、幼い頃に山を下りてスラムに住み着いた先住民女性の家で、スペイン人の血を引くダニエルが「征服者」となり、女性が語る先住民独自の価値観にしだいに感化されていく様子を演じて、私たちに先住民の世界観を伝えた。

　その後は、観客一人ひとりがハーレー・ダビッドソンのバイク軍団の後ろに乗って、丘のスラムのアップダウンを爆走。コミュニティセンターのような所に連れて行かれ、失踪し殺害された女性の妹と母親が心境を語る映像を観たところで、「サファリ」は終了。最後に、路上の星空の下で温かい煮込み料理と飲み物を味わった後、再びバスに乗り込み、中心街へと戻った。

　この体験は、私たちが本当の意味でグローバルな連帯社会を築くために必要な、最も基本的なことを教えてくれる。それは、社会・文化的な背景や立場の異なる者同士、多様な人間たちが、互いの世界と出会うことを通して、自らを知り、他者を理解し、連帯する、ということだ。

　「サファリ」の観客たちは、二〇〇〇円弱のチケット代を払える中流以上の家庭の人々だった。彼らのほとんどは普段、スラムに足を踏み入れることはない。が、これに参加すれば、自動的にその生活空間に身を置き、その住民たちの日常や日々の思いを直接聞くことになる。そこには多くの発見があり、学びや反省、新たな関心の芽も生まれるだろう。自分と社会の関係性にも、思いが及ぶかもしれない。一方、先住民を含むスラムの住民たちも同様に、自分を再発見し、社会と自分たちの関わりについて、改めて考えさせられる。それは、俳優たちにとっても同じだ。参加する誰もが、自分自身と他者、取り巻く世界を再発見する。そして、思うのだ。異なる者同士が理解し合い、つながれば、どれだけ人間世界が平和で豊かになるだろう、と。

カタリーナは、「サファリ」のチケットを、私たちにプレゼントしてくれた。それはきっと、その中身が、彼女から私たちへのメッセージだったからに違いないと、私は思っている。メキシコは、そして世界は、今そこに生きる人たち全員が、互いをもっとよく知り、理解しようという意欲を持って行動することでしか良くならないということを彼女は承知しており、そのための同志を増やそうと、誘っているのだ。

私も、彼女と思いを共有している。拙著『ルポ 雇用なしで生きる』(岩波書店)でも書いたが、私たちの未来は、人間がどれだけ互いを尊重し、環境を大切にしながら、人とのつながりこそを幸福の礎とする社会を築いていけるかに、かかっている。お金に振りまわされ、それを基準に価値判断をする世界と決別し、「もうひとつの世界」を目指すことが、マフィア国家を生み出す不公平で偏見に満ちた世界を再生するために、一番必要なことだと思う。

近代資本主義の末期症状ともいえる新自由主義的な発想を離れ、社会のあらゆる場面において、多様性を認める寛容さを持ちながら、異なる者同士の間でも対話を繰り返し、私たちの世界を平和で豊かなものにするためのつながりを結んでいく。そんな「もうひとつの世界」、人々の連帯が支える世界をつくることに、メキシコの友人たち、同志たちとともに、力を注ごう。それこそが、二一世紀の「私たちの革命」だと、私は信じている。

あとがき

去る五月九日、イギリスにある民間研究機関「国際戦略研究所」(IISS)が、昨年二〇一六年にメキシコで起きた殺人事件件数は約二万三〇〇〇件に達し、内戦中のシリア(約六万件)に次いで世界で二番目に多かった、と発表した。主な要因は、麻薬カルテルによる殺人だという。比較の対象にシリアが挙げられたことで、その印象はより強いものとなった。メキシコ国内の状況としても、カルデロン政権による麻薬戦争が最も激しかった時期の悪夢に匹敵する、恐ろしい数字だ。

そんな不穏なニュースが流れる一方で、それより一〇日ほど前の四月二八日には、メキシコ下院で、医療用マリファナの使用を合法化する法案が、賛成多数で可決された。この法案は、すでに上院を通過しているため、医療・研究用のマリファナの栽培が許可され、法による管理のもとでの購入、販売、輸出入が合法化されることになるだろう。

議員たちを動かしたのは、病気の子どもの治療に使う必要性を訴える親たちの圧力だといわれるが、この動きはささやかながら、何かが変わり始めている兆候だとも捉えられる。法律が実際にきちんと運用されるかどうかは気になるが、少なくとも、マリファナの売買を闇の世界から明るい場所へと引き出し、社会全体で麻薬売買について考え、その扱いに責任を持つ意識を高めることにはつながるはずだ。麻薬カルテルの存在意義をなくしていくための第一歩となることを、期待したい。

メキシコでは、今この瞬間も、おぞましい事件と悲劇が起きている。だが同時に、その辛く醜い現実を変えるための市民の試み、努力も、たゆまずこつこつと積み重ねられている。その事実と現場に目を向け、私たちも、市井の人の闘いを共有し、その一部を担って、この世界を誰にとっても生きるに値するものへと変えていこう。

最後に、これまで何度もメキシコ麻薬戦争をテーマにした記事を発表する場を提供してくださり、本書の発刊を可能にすることで私にメキシコの友人や仲間との共闘のチャンスを与えてくださった月刊『世界』編集長の清宮美稚子さん、『世界』ではもちろん、この本でも担当編集者をつとめてくださった熊谷伸一郎さんに、心から感謝したい。そして、常に私とともにあり、この取材をサポートしてくれたカタリーナやカルロス、マリオら大勢のメキシコの同志たち、わがパートナーの篠田有史をはじめとする日本の同志に、un abrazote(熱い抱擁を)!

二〇一七年六月九日　東京・阿佐ヶ谷にて

工藤律子

工藤律子

1963年，大阪府生まれ．ジャーナリスト．著書に『仲間と誇りと夢と』(JULA出版局)，『ストリートチルドレン』(岩波ジュニア新書)，『ルポ 雇用なしで生きる』(岩波書店)など．『マラス――暴力に支配される少年たち』(集英社)で第14回開高健ノンフィクション賞受賞．NGO「ストリートチルドレンを考える会」共同代表．

マフィア国家
――メキシコ麻薬戦争を生き抜く人々

2017年7月27日　第1刷発行

著　者　工藤律子《くどうりつこ》

発行者　岡本　厚

発行所　株式会社 岩波書店
〒101-8002 東京都千代田区一ツ橋2-5-5
電話案内 03-5210-4000
http://www.iwanami.co.jp/

印刷・理想社　カバー・半七印刷　製本・松岳社

ISBN 978-4-00-024824-2　Printed in Japan

ルポ 雇用なしで生きる
―スペイン発「もうひとつの生き方」への挑戦―
工藤律子
四六判二〇六頁
本体二〇〇〇円

南米「棄民」政策の実像
遠藤十亜希
岩波現代全書
本体二二〇〇円

東北ショック・ドクトリン
古川美穂
四六判二一四頁
本体一七〇〇円

ルポ 終わらない戦争
イラク戦争後の中東
別府正一郎
四六判二〇四頁
本体二三〇〇円

特派員ルポ
サンダルで歩いたアフリカ大陸
高尾具成
四六判三〇〇頁
本体二五〇〇円

ルポ 拉致と人々
救う会・公安警察・朝鮮総聯
青木理
四六判二一四頁
本体一六〇〇円

岩波書店刊
定価は表示価格に消費税が加算されます
2017年7月現在